W0243268

Harper
Collins

Zur Autorin:

Maria Wiesner, aufgewachsen in Brandenburg, studierte sie Germanistik, Italianistik und Journalistik inklusive Volontariate in Dresden, Leipzig, Florenz und Reggio di Calabria. Seit Juni 2013 war sie als freie Journalistin von Frankfurt aus tätig und schrieb Reportagen und Porträts von Reisen in Europa, Asien und Afrika für das Frankfurter Allgemeine Magazin und das Gesellschafts- und Politikressort der FAZ. Weitere journalistische Beiträge entstanden u. a. für BBC World Service, Deutschlandradio Kultur und die New York Post. Seit 2016 arbeitet sie als Redakteurin im Ressort Gesellschaft bei FAZ.NET.

http://mariawiesner.com/

Maria Wiesner

»Grund dafür sind Verzögerungen im Betriebsablauf«

Wie die Bahn uns alle irre macht

Harper Collins

HarperCollins®

FSC MIX Papier FSC® C014496

1. Auflage: Oktober 2019
Originalausgabe

Umschlaggestaltung: Kathrin Steigerwald, Hamburg
Umschlagabbildung: Illustration: Kathrin Steigerwald, Kenshi991,
Hein Nouwens / Getty Images
Lektorat: Britta Fietzke
www.lektorat-sachverstand.de
Satz: GGP Media GmbH, Pößneck
Printed in Germany
Dieses Buch wurde auf FSC®-zertifiziertem Papier gedruckt.
ISBN 978-3-95967-346-4

www.harpercollins.de

»Meine Damen und Herren. Sie sehen ... wir stehen.« Willkommen bei der Deutschen Bahn!

FAHRPLAN

1

Wenn die Bahnfahrt zum Survivaltraining wird

Die Deutsche Bahn hat lange Zeit mit einem entspannten Fahrerlebnis geworben. Noch vor wenigen Jahren sah man Werbung von Zügen, in deren Abteilen sich wenige Reisende lümmelten, auf ihren Laptops gemütlich Filme schauten oder auf dem Smartphone das Ultraschallbild des Enkelkindes bestaunten. Von dieser angenehm entspannten Vision des Fahrerlebnisses hat sich das Unternehmen längst verabschiedet, wie ein Werbespot mit Nico Rosberg aus dem Jahr 2018 zeigt.

Der ehemalige Rennfahrer sprintet in dem kurzen Video über den Bahnsteig, erwischt knapp den Zug und stellt – dank mobiler DB-App – fest, dass seine Sitzplatzreservierung am anderen Ende des ICEs liegt. Zum Iggy-Pop-Song »The Passenger« folgt nun ein Sprint durch das alltägliche

Zugchaos: Rosberg hilft dabei, einen Koffer in die Ablage über den Sitzen zu wuchten, springt über Hunde und Babys im Gang und tanzt sich durch ein Abteil mit indischer Hochzeit. Der Zug hier ist voll, laut, gedrängt und soll natürlich trotzdem sympathisch wirken. Die Menschen sind entspannt, gehen an Laptops ihrer Arbeit nach. Am Ende gelangt Rosberg an seinen reservierten Platz, von dem ihm der halb nackte Iggy Pop persönlich entgegenlächelt und in vernuscheltem Deutsch »geänderte Wagenreihung« sagt. Ironisches Augenzwinkern im eigenen Werbevideo.

Die »geänderte Wagenreihung« ist aber meist das kleinste Problem, das entsteht, wenn bei der Bahn etwas schiefgeht.

Unter Online-Artikeln, die über Pannen und Irrfahrten der Bahn berichten, kommentieren für gewöhnlich Hunderte Bahnfahrer, denen ähnliche Katastrophen passiert sind. Bei der »Frankfurter Allgemeinen Zeitung«, für die ich solche Meldungen regelmäßig als Redakteurin im Gesellschaftsressort betreue, haben wir 2018 deshalb einen Leseraufruf gestartet. Die Resonanz war riesig. Per Mail, per Brief und über die sozialen Netzwerke berichteten Bahnfahrer vom Alltag des Pendelns und den Ärgernissen mit Zugausfällen, stundenlangen Verspätungen und überfordertem Personal.

Die Zuschriften machten deutlich, dass die Meldungen über Pannen bei der Deutschen Bahn nur die Spitze des Eisbergs sind. Was Bahnfahrer täglich in Zügen erleben, zeigt, wie schlecht es seit der Privatisierung durch die Bahnreform 1994 um das Unternehmen steht. Einsparungen, Personalkürzung und die Schließung von Strecken und Regionalbahnhöfen sind für jene spürbar, die auf das Bahnfahren angewiesen sind. Dazu kommen mehr als 800 Baustellen (Stand: März 2019), an denen die Bahn versucht, Gleise, Brücken und Weichen zu erneuern.

Jeder, der regelmäßig mit der Bahn fährt, kann von Fahrten berichten, bei denen etwas schiefging. Und so sammelt dieses Buch nicht nur einige dieser Leserbriefe und -zuschriften aus dem Herbst 2018. Sobald klar war, dass daraus ein Buch entstehen würde, meldeten sich Kolleginnen, Freunde und Bekannte und erzählten ihre Geschichten.

In diesem Kapitel haben Bahnreisende Probleme mit ausfallenden Anschlusszügen und den damit verbundenen verfallenden Sitzplatzreservierungen. Denn wenn man nicht den gebuchten Anschlusszug erwischt, dann steht man mitunter stundenlang im Gang, obwohl man das Geld für einen Sitzplatz bezahlt hat. Oder der Zug, in dem man sich befindet, bleibt auf offener Strecke stehen und hat Probleme mit der Antriebswelle und man ist plötzlich die halbe Nacht unterwegs. Manche Fahrt endet in einem Taxi, das dann noch mehrere Stunden durch die Dunkelheit fahren muss, bis man sein Ziel endlich und hundemüde erreicht. Andere Bahnreisende erleben schon ein ausgemachtes Chaos, bevor sie die Reise antreten, etwa wenn die Strecke, auf der man in den Urlaub fahren will, immer wieder von Baustellen und Ausfällen betroffen ist. Und manchmal erwischt jemand mit einer Stunde Verspätung dann doch noch seinen Anschlusszug, weil der »zum Glück« mit zwei Stunden Verspätung am Bahnhof des Zwischenhalts ankommt. Von entspannten Fahrerlebnissen in angenehm leeren Zugabteilen wagten die meisten nicht einmal mehr zu träumen, vielmehr wird Bahnfahren zunehmend zum Survivaltraining, gegen das das Dschungelcamp der reinste Kinderfasching ist.

400 Kilometer durch die Nacht

Es war im Sommer 2014, und ich war von Leipzig aus auf dem Weg zu einer Konferenz nach Hamburg. Ich hatte den letzten Zug an diesem Tag gebucht, eine Route mit Umstieg am Berliner Hauptbahnhof. Mein ICE nach Berlin stand pünktlich am Gleis, ich hatte einen reservierten Sitzplatz, setzte Kopfhörer auf und fing an, in dem Buch zu lesen, das ich mitgebracht hatte. Der Zug setzte sich pünktlich in Bewegung. Doch schon nach nicht einmal hundert Metern legte er abrupt eine Vollbremsung hin.

Dann passierte erst mal nichts.

Ein Schaffner lief von hinten nach vorne. Unruhe breitete sich im Zug aus. Ich setzte die Kopfhörer ab. Nach ein paar Minuten kam eine Durchsage vom Zugbegleiter; der Triebwagen sei beim Anfahren kaputtgegangen, man könne die Fahrt nicht fortsetzen, aber zwei Gleise weiter fahre in fünfzehn Minuten ein weiterer Zug nach Berlin.

Also wechselte ich in den anderen Zug, stand eine Stunde auf dem Gang und kam, mit etwa dreißig Minuten Verspätung in Berlin an. Der Anschlusszug nach Hamburg war natürlich lange weg.

Zusammen mit ein paar Mitfahrern, die auch nach Hamburg mussten, gingen wir zum Infoschalter der Deutschen Bahn. Dort sagte man uns, wir sollten warten. Nach etwa einer halben Stunde begrüßte uns ein netter Mann mit schütterem Haar und einer kakifarbenen Weste. Er würde uns jetzt mit dem Taxi nach Hamburg fahren, sagte er. So fuhren wir zu viert mit dem Taxi durch die Nacht nach Hamburg. Statt um Mitternacht kamen wir um halb vier dort an.

Kais Harrabi

Um 2 Uhr 15 war ich am Ziel

Fangen wir mit dem an: Ich fuhr im Juli 2018 von Plattling in Niederbayern mit dreimaligem Umsteigen nach Bad Oeynhausen und kam pünktlich mit allen Anschlüssen an! Die Rückfahrt – leider mit Zugbindung gebucht – sah dann etwas anders aus: Wir starteten in Bad Oeynhausen mit zwanzig Minuten Verspätung. Vorher waren schon diverse Züge an mir vorbeigefahren, die ich wegen der Zugbindung nicht nehmen durfte.

Nach zehn Minuten stoppte der Zug auf freier Strecke.

Vor uns lag ein zusammengebrochener Güterzug, und auf der entstandenen Einbahnstraße standen sieben Züge in beide Richtungen Schlange.

In Hannover angekommen, waren es dann vierzig Minuten Verspätung, und die Zugbindung war immerhin aufgehoben. Der nächste Zug Richtung Würzburg kam mit fünfzehn Minuten Verspätung. Der Schaffner machte mir Hoffnung, weil der Anschlusszug hundertzwanzig Minuten Verspätung hätte und ich damit meinen ursprünglichen Anschluss vielleicht erreichen würde. In Nürnberg stieg ich aus, um auf den IC zu warten.

Es war mittlerweile so gegen Mitternacht, der Bahnhof verwaist, alle Informationsmöglichkeiten geschlossen. Nur ein einsamer Hinweis, dass mein Zug, planmäßige Abfahrt um 22 Uhr 30, heute auf Gleis zwölf abfahren würde.

Voller Sorge wartete ich allein auf dem Bahnsteig. Nach dreißig Minuten kam ein Bahnangestellter vorbei, und ich fragte ihn, ob ich hier wirklich richtig sei. Ja, deswegen sei er hier, antwortete er. Alle zehn Minuten kam nun die Standarddurchsage des geänderten Bahnsteigs. Plötzlich verschwand »mein« Zug im Bahnsteigdisplay. Stattdessen wurde ein Zug angezeigt, der gegen fünf Uhr morgens nach Dortmund fahren sollte.

Ich rannte zu dem Häuschen und fragte den Bahnmitarbeiter nach dem Grund. Er erklärte, dass mein Zug da sei, aber vom ursprünglichen Bahnsteig abführe. Ich rannte drei Bahnsteige weiter und siehe da: Mein Zug war da, ein Grüppchen Zugbegleiter stand auf dem Bahnsteig und hielt ein Schwätzchen. Die wurden sauer auf mich, weil ich sie wegen der fehlenden Info anschnauzte. Die Folge: Weitere zehn Minuten Verspätung, da man erst nach den Menschen auf dem anderen Bahnsteig schaute. Um 2 Uhr 15 war ich dann am Ziel.

Ich habe seither auf jegliche Platzreservierung verzichtet, weil es mit dem Umsteigen eh keinen Sinn hat.

Wolfgang Engel

Irgendwie, irgendwo, irgendwann

Mein Erlebnis mit der Bahn war nervig. Ich wollte um 16 Uhr 58 von Frankfurt über Mannheim nach Homburg/Saar fahren. Hier gibt es eine schnelle Verbindung nach Mannheim mit dem TGV, der Richtung Straßburg fährt. Dort kann man dann mit dem IC nach Homburg weiterfahren. Die geplante Ankunft für diese Verbindung war 18 Uhr 55, also nur knapp zwei Stunden Fahrtzeit.

Ich war an dem Tag erst um 21 Uhr 20 zu Hause. Der TGV fuhr bereits mit fast einer halben Stunde Verspätung los. Nachdem der Zug erstaunlicherweise den Bahnhof von Heidelberg-Wieblingen passiert hatte, teilte uns der Zugführer mit, dass der Zug heute gar nicht nach Mannheim, sondern über Heidelberg weiter nach Straßburg fahren würde.

Alle Gäste mit Ziel Mannheim müssten bitte umsteigen und »irgendwie« nach Mannheim gelangen.

Leider gab es gerade einen Totalausfall aller Züge nach Mannheim, sodass ich nach dreißig Minuten mit der Straßenbahn Richtung Mannheim fuhr. Die war natürlich völlig überfüllt. Und dann randalierte auch noch ein Betrunkener.

In Mannheim konnte ich dann recht schnell in einen ICE nach Paris einsteigen. Weil der aber nicht in Homburg hält, musste ich in Kaiserslautern in die S-Bahn umsteigen. Ich war somit erst nach viereinhalb Stunden zu Hause. Statt der normalen zwei!

Jörg Scherschel

Wir standen. Und standen. Und standen.

Eigentlich habe ich nicht nur eine Horrorfahrt mit der Bahn erlebt – immerhin habe ich auch einmal mit einem ICE eine fast einstündige Stadtrundfahrt mit Nürnberg als Start- und Endbahnhof erlebt –, doch die folgende Geschichte blieb mir am eindrucksvollsten in Erinnerung: Ich wollte von einer dienstlichen Veranstaltung in Hagen im Teutoburger Wald nach Neumarkt in der Oberpfalz fahren, um dort meinen ersten Tag in einem neuen Job anzutreten. Der Plan war, abends kurz vor zehn Uhr anzukommen und dann entspannt nach der Bahnreise am nächsten Morgen die neue Aufgabe anzugehen.

Am Anfang lief alles wie geplant: Ich kam pünktlich in Osnabrück am Bahnhof an und stieg in den Zug nach Hannover. Doch bereits vor dem ersten planmäßigen Halt hielten wir an einem Bahnhof im Nirgendwo. So standen wir alle. Und standen. Und standen. Erste Fahrgäste stiegen aus und vertraten sich auf dem Bahnsteig die Beine. Weitere folgten. Erste Infos geisterten durch den Zug: Alles stand bis Hannover, es hatte einen Unfall gegeben. Der Zugbegleiter wurde umlagert – wusste aber selbst nichts. Angeblich sollten Busse als Ersatzverkehr kommen.

Die Masse der Fahrgäste setzte sich in Bewegung, Bahnsteigtreppe runter in Richtung Ausgang. Man wurde immer schneller, die Ersten begannen zu rennen – für den vermeintlich guten Warteplatz am Busbahnhof. Mir hatte der

Zugführer anvertraut: Sie schicken maximal zwei Busse, das reicht nicht mal für zehn Prozent der Reisenden. Ob diese zwei Busse jemals kamen? Ich weiß es nicht.

Ich hatte zwei Kolleginnen von der dienstlichen Veranstaltung in Hagen getroffen. Wir hatten an den Bahnhofsautomaten Chips und Snickers gekauft, waren in das Abteil zurückgekehrt, wo es noch Sekt gab. Die Überlegung, Pizza zu bestellen, haben wir irgendwann verworfen. Nach einer guten Flasche Sekt und rund zwei Stunden Wartezeit schlossen sich plötzlich die Türen – und los ging es.

Einige Fahrgäste blieben zurück – sicher auch welche, die das nicht wollten.

Nun wird alles gut! Aber denkste! Um es abzukürzen: In Hannover herrschte Chaos und Servicewüste. Der Nachtreisezug der Österreichischen Bundesbahn wurde meine Rettung, denn die Jagd um Plätze und freie Hotelbetten begann – ebenso wie um etwas Essbares.

Später dann wurde die Nacht zum Tag, weil die Damen eines Junggesellinnenabschieds mein stilles Nachtabteil enterten. Am frühen Morgen in Nürnberg zeigte obendrein der Taxifahrer auf dem Weg nach Neumarkt, dass Taxifahrer nicht immer autobahntauglich sind. So erreichte ich um kurz vor sechs Uhr das Hotel, ohne eine Minute Schlaf und megagestresst. Ich stellte mich schnell unter die Dusche, und dann ging es los. Den Verzehrgutschein in Höhe von zwei Euro fünfzig von der Bahn hatte ich vor lauter Aufregung verfallen lassen.

Dirk Alexander Lude

Auf der falschen Bahn

Ich fahre nicht sehr oft mit dem Zug, und jedes Mal, wenn ich es notgedrungen gemacht habe, ging es schief. Verspätungen gab es immer wieder. Einmal habe ich den Flug von Düsseldorf nach Wien deswegen verpasst und musste für zweihundert Euro einen neuen Flug buchen. Die Alternative wäre gewesen, wieder nach Hause zu fahren. Ich habe damals gebucht, der Schadenersatz war gleich null. Ich fliege öfter nach Wien und muss da jedes Mal mit der Bahn zum Flughafen. Jedes Mal fahre ich Stunden vorher los, damit ich nicht wieder einen Flug verpasse, und sitze dann oft drei Stunden oder länger auf dem Flughafen herum.

Meine schlimmsten Erlebnisse mit der Bahn fanden am Montag, dem 30. Juli 2018, statt. Es sollte mit dem Regionalexpress von Aachen Richtung Köln gehen und nach dem Zwischenhalt in Köln mit dem Umstieg in den IC weiter nach Papenburg. Abfahrt war planmäßig um 12 Uhr 18 in Aachen, Halt in Köln um 13 Uhr 12 und Weiterfahrt mit dem IC um 13 Uhr 46 nach Papenburg, die geplante Ankunft dort um 16 Uhr 54.

Schon bei der Abfahrt am Aachener Hauptbahnhof mit dem Regionalexpress nach Köln der erste Schreck: Zug fällt aus.

Da stand was von Schienenersatzverkehr. Erst einmal aber musste man herausfinden, wo man den findet.

Der Busfahrer wusste von nichts, deshalb ging es zurück zum Reisezentrum. Dort buchte ich dann um auf neue Züge, die Ankunft nun um 12 Uhr 51 statt um 12 Uhr 18 und die Weiterfahrt um 15 Uhr 09 statt um 13 Uhr 46. Der fuhr dann auch nach Köln und kam dort pünktlich um 12 Uhr 51 an – erst mal alles gut. Dann der nächste Schreck: Der Zug (IC) nach Papenburg sollte achtzig Minuten Verspätung haben. Rundherum sah man auf den Hinweisschildern immer wieder Verspätungen oder Zugausfälle, und dauernd gab es Durchsagen mit weiteren Verspätungen.

Ich ging dann ins Reisezentrum und fragte nach, ob es eine andere Verbindung gäbe. Die war um 12 Uhr 51 in Köln und sollte wiederum in Münster um 15 Uhr 09 ankommen und 17 Uhr 05 nach Papenburg weiterfahren, wo die Ankunft um 18 Uhr 41 geplant war.

Es fuhr dann endlich ein IC los, doch in Düsseldorf war wieder Schluss, weil wohl der Zug kaputt war. Ich ging also wieder ins Reisezentrum, da der nächste Zug erst in drei Stunden fahren sollte, mit mehreren Umstiegen. Dort bekam ich eine Verbindung mit einem Regionalexpress, der um 17 Uhr 06 in Düsseldorf starten und nach Münster fahren sollte, von Münster sollte ich dann mit der Westfalenbahn weiter nach Papenburg kommen. Die Ankunft dort war für 20 Uhr 41 angegeben. Das klappte dann sogar auch endlich.

Dauernd musste ich meinen Freunden neue Ankunftszeiten schreiben, da diese mich in Papenburg abholen wollten. Auch für sie war das sehr ärgerlich.

Ich habe für eine Fahrt von höchstens viereinhalb Stunden, die um 16 Uhr 54 in Papenburg ankommen sollte und nur einen geplanten Umstieg hatte, ganze vier Stunden länger gebraucht. Ich hatte ständige Umstiege, Laufereien und Wartezeiten in den Reisezentren. Obendrein funktionierten die Klimaanlagen in den Zügen nicht wirklich. Ich habe den ganzen Tag nichts Richtiges gegessen, weil keine Zeit war und mir das wie auch die Hitze auf den Magen geschlagen war.

Der Knüller war dann am Rückreisetag, dem 31. Juli 2018, als ich zu meinem Schrecken feststellte, dass man im Reisezentrum die Rückreise mit 30. Juli 2018 auf der Fahrkarte vermerkt hatte. Ich hatte das vorher nicht bemerkt. Ich kaufe die Fahrkarten immer im Reisezentrum.

So musste ich dann eine neue Fahrkarte kaufen, die natürlich keinen Sparpreis mehr hatte und deshalb statt der 29,95 Euro, die ich bereits bezahlt hatte, nun zusätzliche 68 Euro kostete. Der Schadenersatz war gleich null, weil ich ja nicht nachweisen konnte, dass es der Fehler des Reisezentrums gewesen war. Insgesamt habe ich damit statt der 86,80 Euro für Hin- und Rückreise insgesamt fast 155 Euro bezahlt.

Eigentlich wollte ich in meinem Urlaub mit der Bahn einige Tagesfahrten machen. Das habe ich mir aber nach diesen Erfahrungen verkniffen und bin stattdessen zu Hause geblieben. Ich habe leider kein Auto, nur einen kleinen Roller, mit dem bin ich dann rumgefahren.

Kathi Thelen

Mich kann nichts mehr schocken

Ein Wochenende zum Aus-dem-Kalender-Streichen: Eigentlich hatte ich mit ein paar Freunden beschlossen, auf das Elektrofestival Nature One zu gehen. Also eigentlich alles gut. Dann kam die traurige Erkenntnis, dass der einzige Kompaktkurs für den Rettungsschwimmer in Baden-Württemberg an eben diesem Wochenende stattfinden würde. Blöd gelaufen, Ticket wieder verkauft und damit abgefunden.

Als Nächstes stellte ich fest, dass ich an dem Wochenende kein Auto hatte, weil mein Bruder damit in Spanien war und das andere von der Familie gebraucht wurde. Also setzte ich – als wohl größter Bahnpessimist – auf die Bahn.

Am Morgen aufgestanden und beim Frühstück schon die Nachricht mit dem Verspätungsalarm bekommen. Es musste ja so kommen. Zwei Minuten später kam die nächste Nachricht, dass der Zug ausfallen würde. War ja klar.

Also schnell zum Bahnhof und eine Bahn früher genommen, um einen anderen Zug zu bekommen. In Stuttgart stellte ich dann fest, dass das Ticket für diesen nicht galt und für dreißig Euro ein neues nachgekauft werden musste. Im Zug kam die Durchsage, dass dieser überfüllt sei und alle ohne Reservierung aussteigen müssten. Am Schalter der Deutschen Bahn bekam ich dann die Nachricht, dass es bei den nächsten vier Zügen – die gewünschte Strecke wird stündlich befahren – nicht anders sein würde. Zu meinem Termin würde ich es also nicht schaffen.

Auf dem Weg zurück nach Esslingen habe ich die Freunde abtelefoniert, ein Auto für die Familie organisiert und bin dann mit dem eigenen losgefahren, um irgendwie noch pünktlich zum Lehrgang nach Offenburg zu kommen.

Man sollte meinen, dass jetzt alles gut werden würde. Natürlich nicht. Direkt in einen sechzehn Kilometer langen Stau geraten, ohne Klimaanlage und mit achtunddreißig Grad draußen.

Das Resultat: Nerven lagen blank, Sonnenbrand am linken Arm, Dehydration, ganzen Tag nichts Richtiges gegessen, nur zwei Minuten im Hotel.

Aber das Erlebnis hatte auch sein Gutes: Mal wieder gelernt, was gute Freunde doch wert sind. Sind wir mal gespannt, was dieses Wochenende noch passiert. Mich kann nichts mehr schocken.

Benjamin Thomas

Chaos geht auch schon vor Reiseantritt

Wir wollten zwei Wochen im August einen Urlaub in Österreich verbringen. Da die Preise am günstigsten sind, wenn man früh bucht, kaufte ich am 16. März 2018 eine Fahrkarte von Itzehoe über Hamburg, München, Kufstein – insgesamt dreimal umsteigen – nach Landeck-Zams. Eine Verbindung konnte nicht reserviert werden, und das Bahnhofsreisebüro bot mir an, mich zu benachrichtigen, wenn es möglich sein würde, die Reservierung zu machen.

Am 29. Juni 2018 kam ein Anruf, und ich wurde gebeten, im Reisebüro vorbeizukommen. Aufgrund von Bauarbeiten sollte der geplante Zug in Hamburg eher losfahren, sodass wir ihn nicht erreichen würden. Also musste eine ganz neue Verbindung her: Jetzt sollten wir über Ulm fahren und viermal umsteigen. Wieder konnte für diese Verbindung kein Sitzplatz reserviert werden, und wir vereinbarten erneut einen Anruf, sobald dies möglich wäre.

Am 19. Juli 2018 stellte sich dann heraus, dass es doch wieder eine Verbindung über München mit dreimaligem Umsteigen gab. Ich bekam nun meine dritte Fahrkarte, und wir spöttelten noch, dass es hoffentlich die letzte sei. Ich sollte mich aber auf jeden Fall einen Tag vor der Abreise noch einmal melden. Heute habe ich am Computer schon gesehen, dass es den Zug von München nach Kufstein nicht mehr gibt. Mal sehen, wie das endet.

Ich hatte ja bislang geglaubt, dass es Fahrpläne bei der Bahn gibt.

Roswitha Hechel

Fahrgastinformation – was ist das denn?

Meine Cousine und ich waren in Ahrweiler, per Bahn weniger als eine Stunde weit von Bonn entfernt, wo ich wohne, also dachten wir, man könne da auch einen Tag vor ihrem Rückflug nach Ungarn hinfahren, weil wir noch genug Zeit haben würden, zurückzukommen. Auf dem Hinweg war alles in Ordnung. Zwischen 19 und 20 Uhr wollten wir einen Zug zurück nach Bonn nehmen. Zwei bis drei Minuten vor der fahrplanmäßigen Einfahrt dieses Zuges wurde durchgesagt, dass der Zug ausfällt. Der nächste Zug war für eine Stunde danach angesetzt, also gingen wir in eine Kneipe und tranken je ein Glas Wein.

Lange vor dem nächsten planmäßigen Zug waren wir wieder am Bahnhof, aber erneut wurde wenige Minuten vor Zugankunft durchgesagt, dass dieser Zug ausfiele. Wir blieben diesmal am Bahnhof, der vorletzte geplante Zug an diesem Tag sollte in einer weiteren Stunde kommen. Der kam nicht, sondern wurde ebenfalls abgesagt.

Keinerlei Information, wie wir wegkommen würden, was wir tun sollten.

Ganz abgesehen davon, dass man uns wenigstens nach Remagen hätte bringen können, wo die Hauptlinie Bonn–Mainz hindurchfährt.

Wir gingen zu Fuß zur anderen Seite der Stadt, von wo aus Busse fahren. Es gab natürlich keine mehr. Wir hatten keine Lust, herauszufinden, ob auch der allerletzte Zug ausfallen würde, also gingen wir, abermals zu Fuß, nach Bad Neuenahr, wo wir wenigstens ein Taxi fanden. Der Fahrer lehnte es aber ab, uns eine Quittung auszustellen – vielleicht dachte er, uns würde, da wir aus dem Ausland stammen, die Deutsche Bahn sowieso keine Entschädigung zahlen.

Nichts von alledem wäre geschehen, wenn uns die Deutsche Bahn früh genug mitgeteilt hätte, dass es sinnlos wäre, zu warten, und wir uns besser um andere Transportmittel hätten kümmern sollen.

Oldamur Hollóczki

2

It's hard to be a Pendler

Mehr als achtzehn Millionen Menschen pendeln in Deutschland zur Arbeit. München, Frankfurt am Main, Hamburg und auch Berlin stehen ganz oben auf der Liste jener Städte, in die morgens mehr als 300.000 Menschen hineinfahren und aus denen abends nach Dienstschluss ebenso viele wieder hinauswollen. Das hat das Bundesinstitut für Bau-, Stadt- und Raumforschung im Juli 2017 herausgefunden. Wer zwar einen guten Job in der Großstadt hat, aber nicht direkt dort wohnt, der nimmt täglich die Strapazen des Pendelns auf sich. Gründe dafür, so gaben das die Experten des Forschungsinstituts an, seien zum einen die hohen Mieten in den Großstädten, die das Pendeln aus finanziellen Gründen notwendig machten. Aber auch, dass so manche Managerin und so mancher Büroangestellte bereits an einem anderen Ort eine Familie habe, spiele eine Rolle. Also nehmen sie das frühe Aufstehen und die späte Heimkehr in Kauf, weil die Arbeitsstelle der Partnerin oder des Partners unbefristet ist oder man die Kinder nicht alle paar Jahre in einen neuen Kindergarten oder eine neue Schulklasse stecken will.

Viele Pendler nutzen für ihren Arbeitsweg die Bahn. Das hat Vorteile. Man steht nicht im Stau und kann in der Fahrtzeit schlafen, frühstücken, lesen oder sogar die ersten E-Mails beantworten. Vorausgesetzt, die Bahn macht einem nicht einen Strich durch die Rechnung und lässt die Pendler warten. Dass das Unternehmen durchaus um seine eigenen Unzulänglichkeiten weiß, zeigt eine Werbekampagne aus dem Winter 2018. Auf dem Plakat ist ein Paar im Bett zu sehen, der Wecker steht auf 7 Uhr 01. Sie hat ein Handy in der Hand und schmiegt sich an seine Brust. Darüber weiß auf rot der Spruch: »Noch mal kuscheln statt am Bahnsteig warten. Der DB Streckenagent macht's möglich.« Die so beworbene App zeigt aktuelle Störungen, Staus und Verspätungen der Bahn. Im App-Store wird sie als »besonders geeignet für Pendler« angepriesen.

Wie oft solche Verspätungen vorkommen, darüber berichten die Pendler in diesem Kapitel. Eltern erzählen, was passiert, wenn die Kinder vom Studienort nach Hause pendeln. Ein ehemaliger Schüler beschreibt, was er erlebte, als er täglich die Bahn für den Schulweg nehmen musste. Und ein Pendler berichtet davon, wie es ist, wenn die Bahn eine Direktverbindung streicht.

Und dann kann natürlich noch so etwas geschehen wie im Oktober 2018 auf der Schnellstrecke zwischen Köln und

Frankfurt am Main. Dort fing ein ICE Feuer, zwei Waggons brannten komplett aus, die Passagiere des Zuges konnten sich – zum Teil leicht verletzt – retten. Doch der Zug mit den ausgebrannten Wagen stand dann erst einmal auf den Schienen. Die Strecke zwischen Köln und Frankfurt war deswegen gut eine Woche gesperrt. Vor allem Pendler fahren sie oft, immerhin beträgt die Fahrtzeit zwischen den beiden Großstädten normalerweise nur rund eine Stunde. Nun verkehrten die Züge jedoch mit Umwegen über Koblenz und Mainz. Das hieß, die Fahrt dauerte bis zu achtzig Minuten länger. Manche Zwischenhalte wurden ganz gestrichen. In aktuellen Meldungen in Online- und Printmedien aus dem Oktober hieß es immer wieder: »Die Bahn bittet ihre Kunden, sich regelmäßig über ihre Verbindung zu informieren.« Drei Pendler, die von der Streckensperrung betroffen waren, berichten in diesem Kapitel von ihren Erfahrungen im Laufe jener Woche.

Jeden Tag ein neuer Grund für die Verspätung – oder eben gar keiner

Ich bin Pendler und fahre – wie so viele andere – jeden Tag morgens mit dem Zug von Bremen nach Hamburg zur Arbeit und abends wieder zurück. Mit Beginn der sommerlichen Hitzewelle in Deutschland habe ich jeden Tag mindestens eine halbe Stunde Verspätung. Das klingt erst einmal nicht nach viel Zeit, wenn man aber bedenkt, dass das jeden Tag passiert, kommen so jede Woche mindestens viereinhalb Stunden zusammen, die die Deutsche Bahn mir von meiner eh zu knappen Freizeit stiehlt.

Dabei ist nicht einmal die Verspätung selbst das Schlimme, sondern die Art und Weise, wie die Deutsche Bahn argumentiert. Jeden Tag gibt es einen neuen Grund für die Verspätung, teilweise bekommt man aber auch überhaupt keine Information, warum eine Verspätung entsteht.

Die Züge bleiben scheinbar grundlos länger an den Bahnhöfen stehen.

Ich bezahle jeden Monat 264 Euro für mein Ticket. Alternativen gibt es nicht. Mit dem Auto kann ich nicht fahren, da es jeden Tag kilometerlange Staus auf der A1 zwischen

Bremen und Hamburg gibt. Ich fühle mich der Deutschen Bahn ausgeliefert – aber was soll ich machen? Ich bin darauf angewiesen.

Andree Helm

Welche Auskunft ist die richtige?

Ich pendle seit ein paar Jahren jede zweite Woche von Berlin nach Bremen.

Ich habe zum Glück einen sehr verständnisvollen Arbeitgeber, denn dass ich pünktlich am Montagmorgen ankomme, ist selten der Fall.

Meistens halten sich die Verspätungen im Rahmen – bis zu einer halben Stunde.

Meine längste Verspätung, die ich in der Zeit erlebt habe, waren einmal mehr als fünf Stunden auf der Strecke Bremen–Hannover. Ich hatte einen Flug ab Hannover gebucht, und für die Strecke, die normalerweise in etwa ein bis zwei Stunden mit der Bahn zurückgelegt werden kann, hatte ich schon einen Zeitpuffer von rund vier Stunden eingeplant. Nützte alles nichts. Es gab eine Oberleitungsstörung, und die Bahn war in dem Bereich völlig lahmgelegt. Auch der Ersatzverkehr kam sehr schleppend in Gang und deckte nur die Hälfte der Strecke ab. Schnell aufs Taxi umsteigen mit anderen Mitreisenden hätte auch nichts genutzt, da alle Taxen schon von der Bahn ausgebucht waren, um Leute von

A nach B zu bringen. Außerdem war die Autobahn zu, da sehr viele Leute aufs Auto umgestiegen waren. Am Ende ist mein Flugticket verfallen, und dieses Geld bekommt man von der Bahn nicht wieder.

Was solche Situationen oft verschlimmert, ist die schlechte Kommunikation. Man hat schlicht nie die Infos zur Verfügung, die es einem erlauben, aus den möglichen Alternativen die richtige auszuwählen. Und selbst Alternativen online zu recherchieren scheitert oft am schlechten Internet im Bereich der Bahnstrecken.

Freitags vor der Heimreise habe ich es mir schon seit einiger Zeit zur Gewohnheit gemacht, in der Reiseauskunft online zu checken, ob mein Zug pünktlich fährt. Da ich immer weit im Voraus Sparpreis buche, hebt sich die Zugpreisbindung auf, falls der Zug mit Verspätung am Zielort ankommt. In diesen Fällen nehme ich dann meist einen früheren Zug, damit ich nicht später als geplant zu Hause ankomme.

Das bedeutet aber auch wieder Stress, da die Arbeit natürlich trotzdem – in kürzerer Zeit – gemacht werden muss. Was auch hier nervt, ist der Kommunikationsfaktor. Die Bahn scheint mehr als ein System für ihre Echtzeitfahrpläne zu haben. Aktuelle Verspätungen werden gerne an einer Stelle, zum Beispiel der Online-Reiseauskunft, schon angezeigt, an anderer Stelle, zum Beispiel der App oder am Schalter, noch nicht.

Das passiert besonders gern bei Drittanbietern, wie dem Metronom. (Anm. der Herausgeberin: eine private Bahngesellschaft, deren Züge Reisende in Niedersachsen und Hamburg sowie Bremen befördern.) Das hat konkrete Auswirkungen. Wenn ich beispielsweise auf der Webseite schon sehe, dass mein Metronom nach Hamburg Verspätung hat und ich damit den knappen Anschluss nach Berlin nicht erwischen kann, das aber bei den Mitarbeitern am Bahnhof im System nicht angezeigt wird, heben die meine Zugpreisbindung nicht auf.

Wenn es dann schließlich angezeigt wird, ist es für die Alternativroute über Hannover zu spät – der Zug ist weg. Ich muss dann also in den Zug, von dem ich schon vorher wusste, dass er zu spät kommen würde, einsteigen und in Hamburg einen späteren Zug nach Berlin nehmen. Erst da wird mir dann die Zugpreisbindung aufgehoben. Dort nützt es mir nur nichts mehr.

Antje Wilms

Wer braucht schon einen Sitzplatz

Am Mittwoch, dem 18. Juli 2018, nutzte ich die Bahn für eine Rückreise von einem Geschäftstermin in der Nähe von Köln. Ich stieg in den ICE von Köln Messe/Deutz nach München, eine Direktverbindung ohne Umstieg. Die Abfahrt war pünktlich gegen 14 Uhr 40. Die Reservierung des Sitzplatzes war ebenfalls okay, ich musste aber einen anderen Fahrgast von meinem Platz vertreiben. Der Zug war zu diesem Zeitpunkt schon voll, aber (noch) musste keiner stehen.

Kurz vor dem Halt am Frankfurter Flughafen kam die Durchsage, dass am Frankfurter Hauptbahnhof *alle* Fahrgäste (die Terminologie »Gast« klingt da schon wie Hohn) aussteigen und in einen anderen, baugleichen ICE am Bahnsteig gegenüber einsteigen müssten, weil dieser ICE nicht weiterfahren würde.

Auf meine Frage, ob die reservierten Sitzplätze sozusagen transferiert würden oder ich eventuell dann ohne Sitzplatz dastünde, wurde mir entweder gar nicht oder unwirsch geantwortet, dass die Sitzplatzreservierungen sowieso nach zehn Minuten verfielen. Allerdings saß ich ja da schon auf meinem reservierten Sitzplatz und arbeitete, aber diese Feinheiten waren dem Bahnpersonal offenbar im beginnenden Chaos egal.

Am Frankfurter Hauptbahnhof mussten also alle aussteigen, dann erklang die Durchsage, dass der Ersatzzug zwar auf demselben Gleis ankommt, aber fünfhundert Meter weiter vorn halten würde (da der »defekte« ICE ja noch dastand). Also hetzten alle die fünfhundert Meter nach vorne. Dann passierte nichts, nach dreißig Minuten gab es abermals eine Durchsage, dass alle wieder in den (vormals defekten) ICE einsteigen sollten. Also alle wieder zurück.

Nur gab es jetzt blöderweise keine Sitzplatzreservierungen mehr.

Gründe für die plötzliche Genesung des Zuges wurden nicht gegeben, wie schon der Grund des Wechsels vorher gefehlt hatte.

Nachdem ich mir glücklicherweise einen Sitzplatz erkämpft hatte – leider ohne Arbeitsmöglichkeit –, ging die Fahrt weiter. Nach Aschaffenburg stoppte der ICE unmittelbar auf offener Strecke. Immerhin erfolgte dieses Mal zeitnah die Durchsage, es gebe ein Problem, weil ein Regionalzug vor uns liegen geblieben sei und erst abgeschleppt werden müsse, da es keine Ausweichstrecken gebe. Immerhin setzte sich der Zug dann nach weiteren dreißig Minuten (bei laufender Klimaanlage!) wieder in Bewegung. Insgesamt erreichten wir dann glücklich den Münchener Hauptbahnhof mit einer Stunde Gesamtverspätung.

Vom Zeitverlust her war es gerade noch tolerabel, aber der Grund, die Bahn zu nehmen, da ich im Flugzeug nicht arbeiten kann, war völlig hinfällig. Für mich als Selbstständigen war es ein Desaster. Wäre ich geflogen, wäre ich zur gleichen Zeit angekommen, hätte aber wenigstens in der Lounge etwas arbeiten können.

Samson Fung

Zwei Fremde allein im Großraumabteil

Ich fahre eigentlich täglich die Strecke Köln–Frankfurt und wieder zurück. Als ich am Montag, dem 15. Oktober 2018, aber vier Stunden nach Frankfurt am Main gebraucht hatte, weil die ICE-Schnellstrecke Köln–Frankfurt nach einem Zugbrand gesperrt war, bin ich in Frankfurt geblieben und übernachtete bei Kollegen. Wechselkleidung hatte ich morgens geistesgegenwärtig eingepackt. Auf Homeoffice auszuweichen wäre schwierig für mich, weil ich von zu Hause aus nicht in die nötigen Computersysteme komme.

Das Kurioseste, das mir auf der betroffenen Zugstrecke passiert ist, war an jenem Tag die Hinfahrt: Am Morgen standen noch diverse ICEs in der App, die angeblich fahren sollten, nur mit dem Hinweis versehen, dass es bis zu neunzig Minuten Verspätung geben könnte.

Ich fuhr also einfach um 7 Uhr zum Kölner Hauptbahnhof. Erste Fahrten fielen aus beziehungsweise wurden umgeleitet, ohne in Frankfurt zu halten. Einen überfüllten IC musste ich auf Anweisung des Schaffners wieder verlassen. Dann fuhr ein ICE nach Frankfurt ein, allerdings wurde zeitgleich durchgesagt, dass er heute nur bis zum Kölner Flughafen fahren würde. Niemand traute sich, einzusteigen. Irgendwann fand ich eine Schaffnerin. »Natürlich fahren wir nach Frankfurt«, blaffte sie hysterisch und rannte an mir vorbei. Ein Mann und ich stiegen ein, niemand sonst wollte das Risiko eingehen, am Kölner Flughafen zu stranden. Auf dem gegenüberliegenden Gleis fuhr ein weiterer Zug nach Frankfurt und war brechend voll, die Gänge waren überfüllt mit Passagieren, die die zweieinhalb Stunden wohl stehen mussten. Wegen der falschen Durchsage mochte aber niemand in unseren Zug umsteigen. Wir fuhren schließlich mit zwei Personen in einem sonst leeren Großraumwaggon nach Frankfurt.

Dass man bei so einer langen Streckensperrung über sein Lebens- und Arbeitsmodell ins Grübeln kommt, bleibt nicht aus: Montag war der erste Tag nach einem zweiwöchigen Entspannungsurlaub für mich, und schon am Sonntagabend war ich gestresst, denn der Zugbrand beeinträchtige seit dem Freitag das Streckennetz, und ich fragte mich, ob ich am nächsten Tag überhaupt nach Frankfurt kommen würde. Und wenn ja, käme ich dann auch wieder zurück? Würde ich in der kommenden Woche abends zum Sporttraining gehen können, oder würde ich wirklich jeden Tag fünf Stunden Zug fahren müssen?

Ich schlief furchtbar unruhig und träumte von verspäteten ICEs.

Als ich nach einem insgesamt vier Stunden andauernden Arbeitsweg am Montag gegen 11 Uhr in die Redaktion kam, in der ich arbeite, war all meine Urlaubsentspannung verflogen, ich hatte Kopfschmerzen vom ICE-Kaffee und war vollkommen gestresst. Da fragte ich mich dann schon: Wie lange kann ich das noch durchziehen? Die Pendelei ist auch bei normalem Fahrplan schon sehr stressig, ich träume häufig von Stresssituationen beim Zugfahren, und unter der Woche kann ich mich abends nicht mehr verabreden, weil ich nie vor 21 Uhr zu Hause bin. Bei einer noch längeren Streckensperrung, zum Beispiel wenn einmal größere Sanierungsarbeiten bei der Bahn anstünden, bliebe mir vermutlich nichts anderes übrig, als ein Zimmer in Frankfurt zu suchen. Vor einer langen Sperrung habe ich riesige Angst.

Johanna Dürrholz

Geteiltes Leid ist halbes Leid

Am Freitagmorgen, als der ICE auf der Strecke zwischen Köln und Frankfurt am Main in Brand geriet, saß ich im 6-Uhr-20-Zug von Köln nach Frankfurt, also direkt hinter dem Unglückszug. Ich bin dann für 320 Euro vom Bahnhof Siegburg-Bonn zum Frankfurter Flughafen mit dem Taxi geeilt. Dabei war ich mit zwei österreichischen Geschäftsreisenden unterwegs, mit denen ich mir Schicksal und Rechnung teilte.

Das Kurioseste aber ist mir auf der Heimfahrt passiert: Der IC, den ich in Mainz nach der Anreise per Regionalbahn nahm, war knüppelvoll. Als BahnCard-100-Kunde, der ich seit neun Jahren bin, habe ich in der ersten Klasse auf dem Boden Platz genommen. Die Schaffnerin hat mich dann darauf hingewiesen, dass ich lediglich eine BahnCard für die zweite Klasse hätte, weshalb ich dort nicht sitzen bleiben könne. Als ich darauf hinwies, dass besondere Umstände doch wohl gerade bei treuen Kunden besondere Maßnahmen erforderlich machten, wies sie mich darauf hin, dass der Zug fahrplanmäßig, das heißt pünktlich verkehre und sie kein Problem für die Reisenden erkennen könne. Meine Frage, ob sie die Nachrichten verfolge (ja, ich war ob der unverschämten Ansprache auf hundertachtzig), quittierte sie mit einem schlichten »Ja«.

Meine bislang längste Fahrtzeit war Dienstagabend mit zwei Stunden und fünfzig Minuten, wobei ich meine

Konstantin-Wecker-Konzertkarten verfallen lassen musste. Ich bin Professor an der Universität Frankfurt und kann nur bedingt auf Homeoffice ausweichen, weil die Unitermine in der ersten Vorlesungswoche extrem kompakt sind.

Das Pendeln von Köln nach Frankfurt am Main stelle ich nach dieser Erfahrung (mal wieder) infrage.

Achttausend Stunden Verspätung fährt die Bahn jeden Tag ein – und da sind nicht einmal die Züge eingerechnet, die den Bahnhof gar nicht erst verlassen.

Ich würde nicht darüber nachdenken, mit der Pendelei aufzuhören, wenn der jederzeit pünktliche Transport gewährleistet wäre, die BahnComfort-Plätze nicht immer bei hohen Reservierungsquoten runter oder gar auf null zusammengestrichen würden und zudem die Sicherheit der Fahrgäste nicht allenthalben massiv bedroht wäre.

Tim Engartner

Ein Zug ohne Ansage

Während der Streckensperrung zwischen Köln und Frankfurt am Main wegen des in Brand geratenen ICEs bin ich nicht auf andere Verkehrsmittel umgestiegen, ich blieb bei der Bahn. Köln–Frankfurt–Köln, derzeit über Köln-Süd und mit Umstieg in Bonn, auch wegen der zusätzlichen Probleme am Kölner Hauptbahnhof durch die Sanierungsarbeiten an der U-Bahn und das Attentat mit Geiselnahme Anfang Oktober.

Nachdem ich zweimal von Tür zu Tür viereinhalb Stunden benötigte (auch wegen einer Signalstörung in Frankfurt), plane ich diese Zeit in diesen Tagen sicherheitshalber immer ein, auch wenn es meist »nur« dreieinhalb Stunden dauert.

Die kurioseste Szene der vergangenen Woche: Umstieg am Bonner Hauptbahnhof. Der erste ICE nach Frankfurt ist völlig überfüllt und muss fünfzehn Minuten warten, da sich der Zugführer weigert, weiterzufahren. Daraufhin sind genügend Passagiere freiwillig ausgestiegen. Kurz nach Abfahrt kommt ein fast leerer ICE nach Frankfurt, auf den vorher weder per Durchsage, auf der Anzeigetafel oder im Internet hingewiesen wurde.

Ich sehe die Geschehnisse der vergangenen Tage insgesamt eher gelassen, aber was ich wirklich nicht verstehe, ist, dass die Bahn es auch nach Tagen nicht schafft, die Umleitung systematisch und vollständig in die digitale Reiseauskunft einzuprogrammieren.

Ich habe es wegen der Unzuverlässigkeit irgendwann aufgegeben, mich dort zu informieren.

Andreas Nölke

Und täglich grüßt der Verspätungsalarm

An diesem Morgen im April 2017 ist es mal wieder so weit: Ich stehe im Regionalexpress nach Düsseldorf. Der Pendlerzug zwischen Köln und Düsseldorf hat fünfzehn Minuten Verspätung. Die warte ich nicht. Schließlich bin ich extra früh aufgestanden. Und auf mich wartet der Zug auch nicht.

Leider habe ich die Durchsage für den Grund der Verspätung nicht gehört, da ich mich in einen überfüllten Zug quetschen musste. Wahrscheinlich handelt es sich wieder um eine verspätete Bereitstellung des Zuges.

Was heißt das eigentlich? Dass der Zugführer verschlafen hat? Mich nervt es.

Louise Fiedel

Früh übt sich – Verspätung als Dauerzustand

Meine Kinder gingen am Bodensee in ein Internat, und ich lebe in Österreich. Unsere Treffen am Wochenende fanden meist am Arlberg statt – man braucht ungefähr zweieinhalb Stunden mit dem Zug von Überlingen nach St. Anton.

Auf dieser Strecke muss man in Friedrichshafen, Lindau und Bregenz umsteigen, also zweimal im Netz der Deutschen Bahn und einmal in die Österreichische Bundesbahn wechseln. In all den Jahren ist es meinen Kindern nur ganz selten gelungen, diese Strecke ohne Verzögerung zu meistern. Und immer war es die Schuld der Deutschen Bahn, dass diese Reise mindestens zwei Stunden länger dauerte.

Einige Male musste ich die Kinder auch mit dem Auto abholen in Lindau oder Bregenz oder wo immer sie gestrandet waren. Als sie älter waren, kamen sie zum Wochenende nur dann nach Hause, wenn sie mit einem Mietauto fahren konnten – man kann in Österreich mit 17 Jahren den Führerschein machen.

Mit der Bahn in Deutschland fahren sie prinzipiell nicht mehr.

Entweder nutzen sie nun den FlixBus oder das Auto, aber nicht mehr die Bahn!

Alexander Habsburg-Lothringen

Kein Weltuntergang, aber ärgerlich

Ein Ärgernis, das Mitte Juli 2018 passierte: Ich wollte von Stuttgart nach Heidelberg mit dem Regionalexpress, um im Anschluss dann meinen IC nach Koblenz zu meinem Freund zu erwischen. Die geplante Umsteigezeit in Heidelberg betrug sechs Minuten. Der Regionalexpress hatte allerdings schon nach der ersten Haltestelle fünf Minuten Verspätung. Direkt dachte ich mir: »Oje, ob ich den Anschluss noch schaffe?« Irgendwann, so ungefähr bei Bruchsal, hatten wir die Zeit allerdings wieder eingeholt, und ich freute mich schon. Doch dann: »Nanu? Wieso steht der Zug?« Geschlagene dreißig Minuten stand der Zug in Bruchsal.

Ein Ärgernis.

Natürlich hab ich den Anschluss verpasst.

Aber am allermeisten regte mich auf, dass man es nicht für nötig hielt, irgendeine Information an die Passagiere herauszugeben. Fragen gab es viele: Warum steht der Zug? Wann kann man mit einer Weiterfahrt rechnen? Und vor allem wäre es angemessen gewesen, sich dafür zu entschuldigen, dass es überhaupt zu diesen Verzögerungen gekommen war. Aber nix.

In Heidelberg ging ich zur Information der Deutschen Bahn. Ich wusste nicht weiter. Welchen Zug nehme ich nun, oder welchen durfte ich überhaupt nehmen, da ich eine Zugbindung hatte. Es gab keine Info. Es hieß nur: »Nehmen Sie einfach den nächsten Zug.« Wow. Nett.

Ich ging dann erst einmal etwas zu trinken kaufen und danach ins Reisezentrum der Bahn. Und tatsächlich konnte man mir dort helfen. Ich bekam einen Ausdruck für den nächsten Zug bis zu meinem Zielort. Man versuchte, mir einen Sitzplatz zu reservieren, damit meine Sitzplatzreservierung nicht umsonst war. Das scheiterte zwar, obwohl ich es danach einfach selbst vom Handy ausgemacht habe, aber man versprach mir, dass ich eine Rückerstattung beantragen könne. Ich kam zwei Stunden später als geplant in Koblenz an. Sicher nicht die Welt, aber dennoch einfach ärgerlich.

Dafür war die Rückfahrt gut. Der Zug kam mit fünfzehn Minuten Verspätung in Koblenz an und fuhr dafür dann zehn Minuten zu früh in meinem Umsteigebahnhof ein. Ich hatte genug Zeit, das Gleis zu wechseln, da das planmäßige wegen Bauarbeiten gesperrt war. Im Normalfall hätte ich dafür nur zwei Minuten Zeit gehabt.

Der IC hatte es also geschafft, fünfundzwanzig Minuten Fahrzeit aufzuholen. Dafür war ich sehr dankbar, denn sonst hätte ich abends einfach mal eine Stunde an diesem (äußerst langweiligen) Bahnhof verbringen dürfen.

Tiffany C.

Nicht eine S-Bahn hielt den Plan ein

Ich ging in eine etwas entfernter gelegene Schule. Mit dem Auto wären das rund dreißig Minuten Fahrt gewesen, mit der Bahn benötigte man fünfundfünfzig Minuten.

So jedenfalls stand es im Fahrplan.

Ich habe im ganzen Jahr nicht *eine* S-Bahn erwischt, die diese fünfundfünfzig Minuten im Berufsverkehr eingehalten hat. Stattdessen dauerte es stets zehn bis fünfzehn Minuten länger. Wo Busse ihren Fahrplan im Berufsverkehr anpassen, ist es der Deutschen Bahn egal. Schließlich verlangt diese deutlich mehr Geld, sodass man auch eine längere Fahrtzeit genießen darf.

Problematisch wurde es aber dadurch, dass etwa jeder zehnte Zug ganz ausfiel oder mindestens zwanzig Minuten Verspätung hatte (was einem Ausfall gleichkam).

Wollte ich also täglich pünktlich zur Schule erscheinen, so hätte ich spätestens um 6 Uhr 30 in den Zug steigen müssen. Mit der zuvor nötigen Fahrt mit dem Rad zum Bahnhof hätte ich also spätestens um 6 Uhr 15 aus dem Haus kommen müssen. Mit dem Auto hatte ich noch um 7 Uhr 20 genug Luft, und das war unter dem Strich sogar günstiger.

Ich habe der Bahn seither den Rücken gekehrt und nutze sie nur noch in absoluten Notfällen.

Daniel Fischer

Direktverbindung gestrichen – der Anfang vom Ende

Während meines Studiums bin ich in den Jahren 2004 bis 2007 zwischen Montabaur und Mannheim gependelt. Zunächst gab es eine Direktverbindung von Montabaur über Ludwigshafen nach Mannheim, ohne Umstieg. Der Zug war pünktlich und auch nicht überfüllt.

Das muss die Bahn mitbekommen haben und wollte anscheinend ihren schlechten Ruf nicht riskieren.

Die Direktverbindung wurde gestrichen, stattdessen musste ich nun auf dem Hin- und Rückweg in Frankfurt-Flughafen Fernbahnhof umsteigen – und damit fingen die Probleme an. Pünktlichkeit war ab da kein Thema mehr, ich kam immer mit mindestens fünfzehn Minuten Verspätung an. Grundsätzlich sind fünfzehn Minuten ja nicht tragisch, aber oft waren es mehr als das, und die Woche fängt schon toll an, wenn man jeden Montagmorgen in Mannheim die S-Bahn verpasst.

Nun aber zu den einzelnen Erlebnissen – es handelt sich ausnahmslos um Erlebnisse mit dem ICE –, von denen mir die folgenden besonders in Erinnerung geblieben sind:

Erlebnis Nummer 1: »Zug fällt aus«

Ich fuhr freitags von Mannheim-Hauptbahnhof nach Frankfurt-Flughafen Fernbahnhof, um dort den ICE nach Montabaur zu nehmen. Am Bahnsteig habe ich dann schon die übliche Anzeige gesehen: »Fünfzehn Minuten Verspätung«. Als der Zug einfuhr, wechselte die Anzeige, und ich las: »Zug fällt aus«. Verwunderlich, wo ich doch gerade den ICE in voller Größe vor mir einfahren sah. Nun ließ man alle Fahrgäste einsteigen, auch die, die nach einer Flugreise mit sperrigem Gepäck und vielen Koffern unterwegs waren. Als dann die meisten Fahrgäste ihr Gepäck verstaut hatten und auf ihren Plätzen saßen, wurden alle per Durchsage gebeten, den Zug wieder zu verlassen, da die Strecke gesperrt sei.

Bei solchen Vorfällen verschwindet sämtliches Bahnpersonal im Zug und am Bahnsteig auf wundersame Weise, sodass man niemanden um Auskunft bitten kann, wie es denn nun weitergehen könnte. Ich hatte Glück und fand einen Bahnmitarbeiter, der mir sagte, ich könne mit dem nächsten ICE nach Wiesbaden fahren, dort umsteigen und weiter nach Montabaur fahren. Dieser Vorschlag erschien mir einleuchtend. Ich wartete also rund dreißig Minuten und nahm den nächsten ICE nach Wiesbaden. Dort ging ich zum Bahnsteig, an dem der ICE nach Montabaur abfahren sollte.

Angezeigt war, dass er in knapp einer Stunde eintreffen sollte. So stand ich also im Winter auf dem kalten Bahnsteig, bis zehn Minuten vor der planmäßigen Einfahrt eine Durchsage kam, die verkündete, dass aufgrund der Streckensperrung der Zug ausfiele und Reisende Richtung Köln sich im Reisezentrum erkundigen sollten.

Also begab ich mich in das Reisezentrum der Deutschen Bahn, wo man mir allen Ernstes anbot, ich solle ein Taxi nach Montabaur nehmen, aber den Fahrpreis müsse ich zunächst vorstrecken. Daraufhin wurde ich ungehalten und machte recht deutlich, dass ich nichts vorstrecken würde. Also bot man mir an, in einem Vectus-Zug (Anm. der Herausgeberin: der Zug eines privaten Betreibers) auf Kosten der Deutschen Bahn nach Limburg/Lahn zu fahren, dort umzusteigen und nach Montabaur weiterzureisen. Diesen Vorschlag habe ich angenommen, nicht wissend, dass der Vectus in einem Bummeltempo fährt und quasi an jeder Brennnessel eine eigene Haltestelle hat.

Planmäßig hätte ich gegen 15 Uhr 15 in Montabaur ankommen sollen. Um 19 Uhr 15 war ich dann in Limburg an der Lahn. Von dort habe ich mich mit dem Auto abholen lassen, um noch am gleichen Kalendertag nach Hause zu kommen.

Erlebnis Nummer 2: »Schneller einsteigen!«

Ich fuhr montagmorgens in Montabaur los. Der ICE fuhr sehr früh, so gegen 5 Uhr. Mit dem Fahrplanwechsel wurde die Abfahrt um rund dreißig Minuten vorverlegt. Natürlich kommt man nicht auf den letzten Drücker zum Bahnhof, was dann dazu führte, dass ich am Bahnhof in Montabaur zunächst vor verschlossenen Türen stand. Als ich mit den anderen Fahrgästen zum Bahnsteig vorgelassen wurde, verkündete man uns, dass der Zug rund dreißig Minuten Verspätung habe.

Die meisten Anwesenden reagierten nicht erfreut: »Na toll, dafür bin ich jetzt eine halbe Stunde früher aufgestanden!« Das hatte ich aber noch relativ gelassen hingenommen. Als dann aber der Zug eintraf, die Zugbegleiterin ausstieg und uns anblaffte, wir sollten »gefälligst schneller einsteigen«, der Zug habe »eh schon Verspätung«, hat diese Dame meine Antwort in gebührender Form erhalten.

Erlebnis Nummer 3: »Rheinschiene«

Zum Studium gehörten auch diverse Praktika, eines davon in Wiesbaden. Da ich nun schon meine BahnCard hatte und die Fahrt zwischen Montabaur und Wiesbaden ohne Umstieg nicht lange dauert, erschien es mir theoretisch möglich, täglich mit dem ICE zwischen Montabaur und Wiesbaden zu pendeln.

So viel zur Theorie. Der Zug war meistens morgens zu spät, sodass ich in Wiesbaden hetzen musste, um zumindest nicht allzu spät zum Praktikum zu erscheinen. Dies war ich aber bereits irgendwie von den Ankünften in Mannheim gewohnt. Aber die Bahn schafft es ja immer wieder, noch eins draufzusetzen.

Es war Winter, und wie man mittlerweile weiß, verträgt der ICE Schnee und niedrige Temperaturen nicht so gut – welch eine Ironie für einen Zug, dessen Abkürzung man auch als »Ice« (Eis) lesen kann. Nun stand ich also morgens in Montabaur am Bahnsteig, zwar in der Kälte, aber (noch) guter Dinge. Bis ich die Anzeigetafel beobachtete, die sich ständig änderte:

»Zehn Minuten Verspätung«, »Zwanzig Minuten Verspätung«, »Dreißig Minuten Verspätung«.

Da war mir schon klar, was kommen würde, und ich sagte laut vor mich hin: »Alles klar, der Zug kommt nicht!« Die anderen Reisenden sahen mich seltsam an, aber siehe da, irgendwann hieß es, der Zug fiele aus. Also auf ins Reisezentrum der Deutschen Bahn. Ein Weg, den ich mir hätte sparen können, denn dort wusste man von nichts.

Auf dem gegenüberliegenden Bahnsteig fand ich dann eine Mitarbeiterin der Bahn, die mir weiterhelfen konnte. Sie stellte mir einen Taxigutschein aus, mit dem ich von Montabaur nach Koblenz fahren konnte. Vom Hauptbahnhof Koblenz aus fuhr ich dann mit der Bahn am Rhein entlang nach Mainz und von Mainz dann per S-Bahn nach Wiesbaden. Per ICE hätte die Fahrt gut dreißig Minuten gedauert, so verging diesmal ein ganzer Vormittag.

Pascal Steudter

It's hard to be a Pendler

Mein Dienstag, 17. April 2018, startete nicht so gut. Um 7 Uhr 52 wollte ich in den RE 10113 nach Hamm steigen, um nach Düsseldorf zu pendeln. Das war leider nicht möglich. Der Zug war voll.

Ich habe schlichtweg nicht mehr hineingepasst.

Die Menschen im Zug waren gequetscht wie Ölsardinen in der Dose. Ich habe so etwas noch nie gesehen.

Etwas enttäuscht, dass ich jetzt schon wieder Mehraufwand betreiben musste, um nach Düsseldorf zu kommen, habe ich das Gleis gewechselt und den RE 6 genommen. Dieser fährt über Dormagen und Neuss und braucht uuuneeendlich lange …

Zurück wollte ich noch einmal mein Glück versuchen und den Regionalexpress nach Aachen nehmen, um nach Hause zu kommen. Bei fünfzehn Minuten Verspätung und einem bereits mit Menschen überfüllten Gleis habe ich dann aber lieber die S6 genommen.

I can tell you, it's hard to be a Pendler.

Louise Fiedel

3

Fahrgäste und Zugpersonal oder: Die Hölle sind immer die anderen

»Die Hölle, das sind die anderen«, schrieb Jean-Paul Sartre in seinem Stück »Geschlossene Gesellschaft«. Darin finden sich drei Personen nach ihrem Tod in einem geschlossenen Raum wieder und statt sich zu verbünden und einander zu helfen, die Situation erträglicher zu machen, gehen sie sich gegenseitig an. Bis einer feststellt, dass die Hölle eben nicht der christlichen Vorstellung des Röstens über dem Feuer entspreche, auf das die drei Toten warteten, sondern dass sie eben schon längst in der Hölle seien. Auf diese Idee hätte Sartre bei einer Bahnfahrt kommen können.

Während einer Zugreise teilen sich »die anderen« in zwei Kategorien auf: die Zugreisenden und das Zugpersonal. Und als hätten sie sich alle darauf geeinigt, dass ein

Zugabteil ihre Bühne ist, legen sie auch sofort nach Abfahrt mit dem Theater los: Es wird lautstark, gern auch mit Bildübertragung, telefoniert. Der Sitznachbar packt erst mal das eben noch schnell beim Asiaten gekaufte Nudelgericht aus, das nicht nur penetrant riecht, sondern nun ebenso penetrant verzehrt wird. Oder eine Gruppe Jugendlicher hat sich gleich zwei eigene Bierkästen mitgebracht und leert sie unter dröhnendem Gesang, der noch einen Wagen weiter zu hören ist.

Und da sind wir noch nicht einmal beim Personal. Dass die Frauen und Männer, die täglich die Gültigkeit der Fahrkarten kontrollieren und die Reisenden im Bahnbistro bedienen, nicht immer gut drauf sind, erklärt vielleicht ein Blick auf ihre Überstunden. Rund 400 Stunden Freizeitausgleich schiebe das Bahnpersonal vor sich her, schrieb Detlef Neuß, Bundesvorsitzender des Fahrgastverbands Pro Bahn, im Dezember 2018 in einem Beitrag für *Focus Online*. Das lässt vermuten, wie es zu einigen der Geschichten kommen konnte, von denen Bahnreisende hier berichten, denn diese geben einen Einblick in die Überforderung des Personals im alltäglichen Betrieb.

Nesquik is' nich

Hitze, Pfingsten, irgendwo mitten im Schienennetz der Deutschen Bahn. Mäßige Auslastung der vorhandenen Abteile, Weichenstörung, Umleitung, Verlängerung der Fahrt um (vorerst) vierzig Minuten. Der Gast hat Durst.

Das Restaurant liegt wegen deregulierter privater Misswirtschaft wieder mal im Wachkoma.

Eine einzige, missmutige Frau in Uniform, die der Gast von älteren Wahlplakaten zu kennen meint, wo sie für die deutsche Mutter als solche geradestand, kümmert sich ums Bordbistro.

Der Gast will keinen Alkohol, weil ihn die nicht hinreichend wegklimatisierte Hitze schon blöd genug macht. Er will auch kein Wasser, denn das schmeckt nach nichts, und keine Limo, die ist ihm zu klebrig. Er wünscht sich, weil er damit seit Jahren gute Erfahrungen gemacht hat, »bitte ein Nesquik«. Die Lebensmittelschaffnerin guckt streng und sagt in quengelndem, leicht abgeschliffenem Deutsch: »Is dis für Sie oda füa'n Kind?« Der Gast gesteht: »Für mich.« Die Kakaopolizistin verwarnt ihn: »Nö, dis sin aba so Kindasachn.« Der Gast wendet ein: »Sicher, es gibt Kindermenüs hier, aber ich will ja keine kleine Portion Nudeln mit Ketchup oder frittierte Hähnchenstücke mit Plastikspielzeug, sondern eine Schokoladenmilch, wie sie sogar aus dem Kaffeeautomaten kommt, nur eben keine heiße.«

Die strikt programmierte Fachkraft mit ihrer urdeutschen Neigung, stets darauf zu achten, was der Nebenmensch sich so alles an Verstößen gegen Rauchverbote, Mülltrennung, Rasenmähzeiten und andere verhaltensbezogene Dämme wider das Chaos zuschulden kommen lässt, akzeptiert die implizite Beleidigung des Kameraden Kaffeeautomat nicht und besteht auf der Richtigkeit ihrer Einschätzung, wonach ein Produkt, auf dem ein fröhlicher Cartoon-Hase abgebildet ist, den Kleinen zugeteilt werden müsse und keine Abgabe an Nichtberechtigte erfolgen dürfe, wie das im Krieg und im Naturnotstand nun mal ist: »Dis sind aba Kindasachn.«

Der Gast kapituliert vor der Ordnungsmacht und fragt sich nur noch: Steckt wenigstens ein menschliches Motiv dahinter, nämlich Gier, was dann bedeuten würde, dass die Frau das Zeug auch den Kindern vorenthält und es einfach selbst trinkt? Oder sitzt wirklich schon in jedem Kopf ein Befehlsbäumchen mit Sortierfunktion?

Dietmar Dath

Die Klimaanlaach is' zu kalt

Sechs Rentner, vier Hörgeräte. Ausgestattet mit vom jahrelangen Terrorisieren der eigenen Sprechorgane derart zerschlissenen Kratzstimmen, die selbst gegen Overhead-Kopfhörer mit voller Bassbeschallung ankommen.

Gott steh mir bei auf dieser Heimfahrt.

Aktuelle Themen:

»Die Klimaanlaach is' zu kalt.«

»Der Abbelwein vom Willi schmeckt bessä als wie der in de Flasch.«

»Unn die Kässtin, des is' ene ganz ganz Liebe.«

Falls Interesse an näheren Beschreibungen der Persona Kerstin besteht, let me know. Hier sind gerade fünf Fotos von besagter *erwachsener Frau* (anscheinend das Patenkind Willis und seiner schwerhörigen Frau) über mich hinweggereicht worden, als wäre sie ein knuddeliges Baby, das man sich unbedingt anschauen müsse.

Uli Schult

Pendler-Erkenntnisse

Wenn man sieht, wie eine Horde hilfloser Menschen von zwei Seiten versucht, ihre Plätze in einem Bahnwagen zu finden, kann man sich nicht vorstellen, dass der Mensch jemals allein gelernt haben soll, Feuer zu nutzen.

Axel Weidemann

Rassismus können wir auch

Spätabends im Ersatz-IC nach München. Die Hauptstadt Bayerns ist die letzte vorgesehene Station; sie wird in etwa fünfundzwanzig Minuten erreicht. Zwei junge Frauen mit dunkler Haut haben schließlich genug von einer etwa zwanzigköpfigen Bande tätowierter, besoffener, kurzhaariger und offensichtlich fremdenfeindlicher Idioten um die dreißig, die im Großraumwagen, in einigen Abteilen, auf den Gängen und vor den Toiletten herumbrüllen, lachen, johlen und ihr Revier beanspruchen oder verteidigen. Die Frauen fliehen in die erste Klasse. Ein Fahrkartenkontrolleur sieht das, setzt ihnen nach und will ihre Tickets sehen. Die gelten für die zweite Klasse, er verlangt also »einen Aufschlag, das gilt für alle«. Eine der Frauen weist in fehler- und akzentfreiem Deutsch darauf hin, dass man »ja schon fast die Endstation erreicht« habe, woraufhin der Bahnmann neunmalklug erwidert:

»Und wenn Sie gar keine Fahrkarten hätten, und ich käme erst jetzt zur Kontrolle, dann müssten sie ja auch welche kaufen für die letzten Meter.«

Wie von Ultraschallsignalen angelockt, gesellt sich eine zweite Kontrollperson, diesmal eine Frau, zu ihm, und gemeinsam reden sie so bedrohlich und selbstbewusst im bis auf zwei einsame Fahrgäste völlig leeren Erste-Klasse-Wagen auf die Frauen ein, bis diese die Zuschläge bezahlen.

Ihnen gegenüber zeigen die Uniformierten also genau die Autorität und das Pflichtbewusstsein, die fehlen, wenn es darum geht, die Brüller und Belästiger in die Schranken zu weisen. Am Ende sagt eine der mit dem Zuschlag für das Entkommen bestraften Frauen zu der Kontrolldame: »Wissen Sie, wenn Sie so wenig auf besondere Situationen eingehen und keine Ausnahmen machen wie ein Automat, dann wird Sie niemand verteidigen, wenn Sie demnächst wirklich durch Maschinen und Apps ersetzt werden.« Worauf die Bahnfrau zurückgibt: »Das geht Sie überhaupt nichts an.« Denn die deutsche Sprache hat im Kopf und im Mund solcher Leute dasselbe Schicksal erlitten, dem schon Bahn und Post in diesem Staat unterworfen wurden: Privatisierung – sie ist nicht mehr für alle da, und nur diejenigen, die sie zu beherrschen glauben, wissen überhaupt noch, was die Wörter bedeuten sollen.

Dietmar Dath

Ruhe im Ruheabteil – schön wär's

Ich reiste von Freiburg nach Bonn und musste in Mannheim in den ICE von München nach Hamburg umsteigen. Es war am Wochenende, also war der Zug voller eher wenig elitärer Kundschaft (sprich: Fußballfans), auch auf Plätzen mit elitären Preisen. Ich ging sofort zum Ruhebereich, weil ich mir etwas anderes wünschte als Geschrei und den Geruchscocktail aus verschüttetem Bier und Achselschweiß.

Dort traf ich dann auf zehn sturzbetrunkene Bayern-München-Anhänger, die wie von Sinnen herumkrakeelten und wie am Fließband Bier tranken.

Da mir nichts anderes übrig blieb, verließ ich den Ruhebereich wieder, sonst wäre das Ganze schnell eskaliert.

Als der Kontrolleur kam, verlangte ich sofort von ihm, er solle den Zoo dort drin auflösen und den Lärm abstellen, damit die gewöhnliche Zivilbevölkerung die zwei Stunden bis Köln überleben konnte. Er ging hinein und redete mit ihnen, aber als er wieder herauskam, sagte er mir, er könne ihnen leider nicht befehlen, sich ruhig zu verhalten, denn sie hätten am Fahrkartenschalter mitgeteilt, sie seien eine Fußballfangruppe, und man habe ihnen trotzdem Karten für den Ruhebereich verkauft. Ich erklärte ihm, dass das Blödsinn sei, denn entweder hätten sie diese Geschichte erfunden, oder man hatte ihnen die Karten nur verkauft, weil das die einzigen noch freien Plätze für eine so große Gruppe waren. Egal, was ich sagte, er weigerte sich, sie aufzufordern, den Radau zu beenden.

Nachdem sie diese Niederlage der Autorität erlebt hatten, wurden sie selbstverständlich noch lauter und fingen an, die übrigen Fahrgäste, die sich nach ein paar ruhigen Minuten sehnten, zu verspotten. Ich hielt es nicht aus, wie diese Gorillas um die vierzig auf alte Damen um die siebzig losgingen und sich über sie lustig machten. Ich sagte ihnen, sie sollten ruhig sein und sich wie Menschen benehmen. Vierzig Personen litten unter zehn. Sie fingen an, auf mich einzureden, dass sie schließlich nicht zu einer Beerdigung unterwegs seien, sondern zu einem Fußballspiel (lustige Tatsache nebenbei: Bayern München verlor dann in Dortmund). Einer von ihnen fing an, mich zu beleidigen, also ging ich hin und fragte ihn ins Gesicht, was das solle. Leider klingt mein Akzent weder russisch noch albanisch. Zum Glück musste ich dann aussteigen, also blieb mir der Kampf erspart, den der Kontrolleur eigentlich hätte kämpfen sollen, weil das auch Teil seines Jobs ist.

Ich bin dieses Rudelverhalten aus Osteuropa gewohnt, aber dort gibt es das nicht, dass ein Bahnangestellter sich auf die Seite von schreienden, betrunkenen Menschen schlägt –

gegen zivilisierte Passagiere. So ist Deutschland: Wenn man betrunken ist, dann ist alles egal.

Oldamur Hollóczki

Ich wollte doch nur heim

Wenn du mal wieder spät ausm Büro kommst und dir die shady Nachtwandler am Hauptbahnhof geben musst: ungeil.

Wenn der Typ, der dir gegenüber im Zug sitzt, sich genüsslich ein Mettbrötchen reinzieht: ärgerlich.

Wenn hinter dir eine johlende Truppe pubertierender Halbstarker Songs von den Amigos zum Besten gibt: toughe Nummer.

Wenn der dickste Mann im Zug denkt, dass es eine mega Idee ist, sich neben die dickste Frau im Zug zu setzen und sich neben dich in die Sitzbank klemmt: hart grenzwertig.

Wenn alle vorher Genannten gleichzeitig bis in die Besinnungslosigkeit zugesoffene Eintrachtfans sind, die dann noch dafür sorgen, dass dein Zug statt vierzig Minuten über eine Stunde braucht, beginnst du zu überlegen, ob texanische Waffengesetze nicht auch eine echte Option für Deutschland wären.

Uli Schult

Abenteuer Bordbistro

Abenteuer Bordbistro im ICE, Strecke Berlin–Frankfurt. Viele freie Plätze, aber ein älterer Herr im Anzug mit Peer-Steinbrück-Gesichtsausdruck setzt sich an meinen Zweiertisch und wird für die nächsten vier Stunden meines Lebens mein Gegenüber sein. Ist ja okay. Ich habe auch die ersten fünfzehn Minuten erfolgreich hinter mich gebracht, ohne zu sprechen, Blick vergraben im Bildschirm. Dann aber niest er heftig, und ich sage »Gesundheit« (aus Reflex, ich weiß, neuer Knigge und so).

Das sieht er als Anlass, mich anzustrahlen und zu sagen: »Darf ich Sie mal was fragen: Woher kommen Sie?« In meinem Kopf rattert es.

Er fragt das vermutlich, weil er

a) nett und interessiert ist,
b) gerade in Asien gewesen ist und mir auf seinem Computer eine Diashow zeigen möchte,
c) »Asia-Frauen-Connaisseur« ist,
d) gerade in einem »Asia-Restaurant« gewesen ist oder
e) weil ich so »akzentfreies Deutsch« spreche.

Bingo! Es waren d) und e). Folgender Zusatz bei d): »Die Portionen in dem Restaurant waren wirklich groß, für Sie wahrscheinlich zu groß, so zart gebaut, wie Sie sind.« Ich sage nie wieder »Gesundheit« zu einem Fremden.

Ubin Eoh

Sprachnachteile

In einen Regionalzug bei Hannover, wo man laut sprachwissenschaftlicher Statistik das beste Deutsch spricht, steigen drei Menschen ein, die etwas bunter gekleidet sind als der Durchschnitt an Bord und etwas dunklere Haut haben. Die Zugbegleiterin will ihre Fahrscheine sehen; es zeigt sich dabei, dass diese Leute im falschen Zug sind. Sie sprechen kaum Deutsch, schon besser Englisch, aber die Zugbegleiterin redet hartnäckig in etwas auf sie ein, was sie offenbar für Deutsch hält:

»Sie müssen an der nächsten Haltestation aussteigen und in retour fahren, wenn Sie in retour fahren wieder in den Startbahnhof, dort kriegen Sie einen richtigen Zug!«

Die Formulierung »in retour« habe ich noch nie vorher gehört, obwohl ich in Deutschland weit herumgekommen bin, und die Wendung »einen richtigen Zug« scheint zumindest ein ungeschickter Kompromiss zwischen der Tatsache, dass sie eigentlich den bestimmten Artikel meint – »den richtigen Zug« –, andererseits aber weiß, dass der eine, der gemeinte, wohl schon weg ist, und also eigentlich »einen Zug, für den Ihre Karten gelten« meint.

Diese sprachlichen Seltsamkeiten lenken mich eine Weile von der Unverschämtheit ab, dass die Zugbegleiterin von den Menschen tatsächlich verlangt, sie müssten »ein gültiges Ticket für diesen Zug« kaufen beziehungsweise drei davon, was die drei, obwohl ich mich erfolglos auf Deutsch und Englisch einmische, schließlich tun.

Am nächsten Bahnhof steigen sie dann aus, um »in retour« zu fahren, und ich frage mich, ob sie ahnen, was das hier für ein Land ist, in dem Leute Nachteile haben, nur weil sie kein Deutsch können, und die Vollstreckung dieser Nachteile bei Personen liegt, die ironischerweise auch kein Deutsch können, aber anders als die Gäste von auswärts nicht die Entschuldigung geltend machen können, dass sie nicht hier aufgewachsen sind.

Robert Rolf

»Jetzt pack die Scheiße weg«

Folgende Geschichte widerfuhr mir vor ein paar Jahren auf dem Weg nach Berlin. Ich war noch Student und war deshalb nicht mit dem ICE unterwegs, sondern mit Regionalexpressen, weil es einfach billiger war. Es war tiefster Winter, mit starkem Schneefall.

Die Bahn war – so weit, so erwartbar – heillos überfordert.

Wer die Strecke Leipzig–Berlin mit dem Regionalexpress fährt, muss mindestens einmal umsteigen. Und dann ist es bei so starkem Schneefall auch einfach ein ziemliches Glücksspiel, ob der Anschlusszug überhaupt kommt. Na ja, ich habe mich jedenfalls getraut, bin in Leipzig in den ersten Zug gestiegen und damit bis nach Falkenberg (Elster) gekommen. Dort war erst mal Schluss, der Anschluss-RE, den ich nehmen sollte, fiel aus. Auf dem Bahnsteig liefen einige Angestellte umher und verteilten Kaffee, damit sich die paar Wartenden zumindest ein bisschen aufwärmen konnten.

Schließlich kam der zweite Zug an, wir durften einsteigen. Ich setzte mich auf einen Viererplatz, ein etwa zwölfjähriger Junge setzte sich auf die andere Seite des Ganges. Hinter ihm unterhielt sich die Zugbegleiterin mit einer Bekannten. Die Zugbegleiterin unterbrach nun kurz das Gespräch und kontrollierte meine Fahrkarte. Den Jungen sah sie zwar an, aber nur kurz. Er hielt seine Fahrkarte aber immer weiter hoch, offensichtlich sehr unsicher, ob die Schaffnerin die Karte jetzt gesehen hatte oder nicht. Das alles fand in ihrem Blickfeld statt, sodass sie sich ihm irgendwann noch einmal zuwandte und ihn anschrie: »Jetzt pack die Scheiße weg, ich hab das schon längst gesehen!« Ich konnte mir ein Grinsen in dem Moment nicht verkneifen – und der Junge, nachdem der erste Schreck überwunden war, auch nicht.

Kais Harrabi

Selber Ni Hao

Im ICE Berlin–Frankfurt: Schaffner kommt, fragt meinen Sitznachbarn nach seiner Fahrkarte. Ich habe meine bereits gezückt. Der Schaffner guckt mich verschwörerisch an und ruft: »Ni Hao!«

Ich: »Nein.«

Er blickt mich ungläubig, aber immer noch erwartungsvoll stolz an: »Wie ›nein‹? Nix Ni Hao?«

Ich: »Nein.«
Er: »Aber das heißt doch ›Hallo‹ in Ihrer Sprache!«
Ich: »N-E-I-N. Das ist Chinesisch, ich verstehe das nicht.«
Er: »Hm, okay. Was anderes hab ich leider nicht drauf.«

Wie wär's einfach mit: »Fahrkarte bitte«?!

Ubin Eoh

Manchmal geht's auch mit Humor

Bei einer sehr amüsanten Heiligabend-Katastrophe mit der Deutschen Bahn bei Eisregen hatte ich folgendes Erlebnis: Bahndurchsage (mit holsteinischem Akzent):

»Meine Damen und Herren. Sie sehen ... wir stehen ...«

Und später dann: »Meine Damen und Herren, schauen Sie jetzt bitte alle mal nach backbord, für die Landratten unter Ihnen: Das ist links, da sehen Sie das Mitropa-Team. Die Ratten verlassen das sinkende Schiff. Der Vorteil für Sie: Wir verteilen jetzt die Getränke.«

Das war genial. In Hamburg gab es dann Standing Ovations für das Zugteam.

Mathias Braasch

Ruhe, bitte. Ruhe.

Die junge Frau neben mir, die aussieht wie eine Mathelehrerin aus einem Pornofilm, der extra für das Schulfernsehen gedreht worden war, hat das deutlich jüngere Paar, das vornehmlich über die Dinge in seinen zwei Smartphones spricht, schon zweimal kaltschnäuzig darauf hingewiesen, dass »wir im Ruhebereich« säßen. Jetzt sagte sie zu den beiden (nur die ersten fünf Worte in absichtlich verwirrender Freundlichkeit): »Ihr könnt ja auch woanders hingehen.«

Sie hätten nicht reserviert, antworten die beiden.

»Ja, dann müsst ihr eben das nächste Mal reservieren. Hier spricht man nicht. Hier wollen die Leute ihre Ruhe.«

Jetzt schweigen die beiden nach einer kleinlauten Entschuldigung und verständigen sich über Blicke und Textnachrichten. Dafür versteht man jetzt den alten Amerikaner besser, der hinter uns lang und breit über die Geschichte der amerikanischen Autoindustrie seit den Fünfzigern referiert.

Jedenfalls weiß ich nicht, ob ich die entschlossene Frau feiern oder fürchten soll. Auch nicht, ob ich in dieser Welt noch irgendetwas zu melden habe. Auf jeden Fall freue ich mich schon, wenn sie gleich den Amerikaner-Opa zusammenfaltet. Oder die Schaffnerin. Sie liest übrigens folgendes Buch: *»Schön, dass es dich gibt! – Wie du mit deinem Geschenk für die Welt ein außergewöhnliches Leben erschaffst.«*

Axel Weidemann

Gefangen in der Höflichkeitsschleife

In einem langen IC während der wärmsten Jahreszeit entscheide ich mich fürs Campieren auf dem Gang, genauer: an der Waggongrenze, hinter den Toiletten, wo es keinen Durchgang blockiert, weil mir die Großraum- und die offenen Abteile zu voll, zu stickig und vor allem zu laut sind. Ich will lesen und außerdem telefonieren, also stelle ich mich, weil die Fahrt auch nicht lang ist und ich daher eigentlich keinen Sitzplatz brauche, neben das Werbeplakat im Glaskasten, störe niemanden und werde von niemandem gestört.

Ein Zugbegleiter aber, der meine Fahrkarte kontrolliert, sagt bei der ersten Begegnung: »Gehen Sie doch ruhig weiter nach hinten, da sind bestimmt noch Plätze frei!« Als ich die Einladung dankend ablehne, zuckt er mit den Schultern, ist kurz darauf aber wieder da und spricht mich, obwohl ich lese, schon deutlicher an: »Das muss ja nicht sein, dass Sie hier stehen, gehen Sie doch in den übernächsten Wagen, da sind noch Plätze frei.« Ich erkläre ihm meine Absichten, er lächelt, nickt und geht.

Zwanzig Minuten später kommt er erneut vorbei und sagt: »Oh, das ist aber bestimmt sehr unbequem! Ich glaube, weiter vorn sind noch Plätze frei, gehen Sie da doch mal hin!« Das Spiel wiederholt sich noch zweimal, auf einer nur etwa anderthalb Stunden langen Fahrt.

Weder der Mann noch ich werden jemals unfreundlich dabei, und ich erinnere ihn auch nicht daran, wie viele Aufführungen der Sketch schon hinter sich hat. Es macht mich nicht wütend, es lenkt nur ab und ist aber doch ein bisschen traurig. Als die Fahrkartenschalterleute von den Automaten verdrängt wurden (die jetzt fürs Online-Geschäft eingespart werden sollen), dachte ich noch:

»Schade, jetzt kann man keine Nachfragen mehr stellen, denn der Automat ist nur so gescheit wie der Mensch, der ihn bedient, aber ein Kundenberater könnte intelligenter und wacher sein als die Person, die fragt.«

Das war allerdings schon ziemlich theoretisch, denn in der Praxis war die Beratung, die man von lebendigen Uniformierten bekam, eher dürftiger als ein Automatenmenü.

Seit der vierfachen Wiederholung einer Aufforderung, bei der ich schon beim ersten Mal erklärt hatte, dass und warum ich ihr nicht nachkommen wolle, frage ich mich jetzt, ob nicht auch die Leute, die zwischen den Abteilen hin- und herlaufen, irgendwann durch Maschinen ersetzt werden und ob man es merken würde, wenn es geschähe.

Barbara Kirchner

Höflich sein hilft nicht jedem

Anschluss verpassen. Nicht an Bord kommen. Nicht von Bord kommen. Zugteilung in Hamm. Fußballfanklubs. Sekretärinnenausflüge. Junggesellenabschiede. Managertelefonate. Babys.

Gegen manche dieser Bahnfahrängste hilft die Erfahrung, sie überlebt zu haben,

andere legen sich mit der Zeit beziehungsweise wandeln sich in Schicksalsergebenheit.

Man wird vielleicht nicht gelassener, aber man kommt doch irgendwie besser damit klar. Mit den Pannen wie mit den Passagieren. Da kann die Bahn noch so viele Piktogramme mit durchgestrichenen Handys in ihre Wagen kleben, es wird immer irgendein Werber einsteigen, der offenbar keine Zeichensprache versteht, aber weiß, was eine Telko ist – und bald weiß das dann auch der gesamte Großraum, in dem er sitzt und in sein Telefon brüllt. Man lernt irgendwann, das, was man im Zug erlebt, in Geschichten zu verwandeln. Oder in Pointen. Die vier Todfeinde der Deutschen Bahn, so geht ein alter Witz, sind Frühling, Sommer,

Herbst und Winter, der Todfeind der Unwahrscheinlichkeitsrechnung dagegen ist die Deutsche Bahn – es kann echt nicht sein, dass ich schon wieder in einem Zug sitze, dem das passiert, das war doch erst letzte Woche so? Bahn fahren heißt, Geschichten erzählen zu lernen. Es passieren einem ja ständig neue.

Das liegt auch daran, dass sich die Besetzung der Geschichten ständig ändert: jeder Zug ein anderes Theater. Man erkennt vielleicht eine bestimmte Figur immer wieder, der Werber mit den weißen Turnschuhen, die Sekretärin mit dem Piccolo – die aber begegnen einem in immer neuen Varianten, so wie es ja beim Zuspätkommen oder Anschlussverpassen immer neue Varianten gibt. Und man wird deswegen auch nicht etwa aus Erfahrung klug, man wird höchstens weiser, ohne aber damit etwas anfangen zu können.

Zu den verfeinerten Ängsten des Bahnfahrens beispielsweise, zu jenen also, die sich erst ausbilden, wenn man oft und lange genug mit der Bahn fährt, zählt die vor jenen Mitreisenden, die das nicht tun. Die nur gelegentlich mit der Bahn unterwegs sind. Oder zum ersten Mal. Man erkennt diese Leute an der typischen Mischung aus Panik und Erstaunen in ihrem Blick, an der kompletten Überforderung, eine Digitalanzeige zu deuten, auf der »Hannover–Würzburg« steht. Nahen die Weihnachtsfeiertage, sind die Züge voll davon: lauter Verwandte auf dem Weg nach Hause. Denen sich dann auch noch – und sie sind ja ohnehin schon unter Hochspannung angesichts der kommenden Tage im

Kreise der Familie – das Hindernis in den Weg stellt, in ein Gefährt steigen zu müssen, welches sie auf vorher festgelegter Strecke von einem Punkt zum anderen bringt. Eigentlich kann da nichts schiefgehen. Das wissen diese Neulinge zwar nicht, aber selbst wenn bei der Bahn einiges schiefgehen kann: Irgendwo kommt man am Ende immer an.

Dieses erste Mal in der Bahn jedenfalls setzt bei den Betroffenen eine Unhöflichkeit aus Panik frei, die unberechenbar ist. Um nicht dazwischenzugeraten, macht man sich am besten klein, verschwindet im Sitz und versucht, möglichst wenig im Weg zu stehen, um nicht zwischen Koffern zermalmt oder vor den Türen aus dem Weg geboxt zu werden. Aber Weihnachten ist ja nun mal das Fest der Liebe, es fällt ganz schön schwer, nicht barmherzig zu sein.

Einmal, frühmorgens auf dem Weg vom Osten in den Westen, am Tag vor dem Heiligen Abend, stieg an einem Ort, den nur die Bahn »Unterwegsbahnhof« nennt, ein älteres, sehr gepflegtes Ehepaar ein, auf hohem Niveau verwittert, mit kleinem Gepäck, vielleicht waren die Kammerdiener mit den restlichen Koffern in der dritten Klasse unterwegs. Die beiden waren eindeutig auf dem Weg zu ihren Enkeln, die nur Leopold oder Henriette heißen konnten, und man erkannte schon an der Art, wie sie in der Welt standen, leicht gebeugt inzwischen, aber doch mit großer Verdrängung, dass sie es gewohnt waren, Personal zu haben.

Wie sie dann nur in einen Frühzug der Deutschen Bahn geraten waren, fragten sie sich wohl selbst. Jedenfalls saß er, ans Fenster gepresst, schon in seinem Sitz und hielt sich an seiner Zeitung fest, während sie, im Twinset, noch im Gang stand und ihren kleinen Rollkoffer anschaute – unschlüssig, wie ich vermutete, ob sie den nun dort stehen lassen sollte oder ob vielleicht jemand, vielleicht der Zugchef höchstpersönlich, ihn wegräumen würde. »Entschuldigen Sie«, sagte ich freundlich, »soll ich Ihnen den Koffer kurz auf die Ablage heben?«

Die ältere Dame riss die Augen auf und fixierte mich. Ihr Mann starrte mich von seinem Sitz aus misstrauisch an, und wenn mich nicht alles täuschte, hielt er sich an seiner Zeitung noch fester fest als zuvor schon. Und dann sagte sie, und ihre Stimme bebte dabei:

»Ja! Und dann steigen Sie aus und der Koffer ist da oben! Habe ich alles schon erlebt!«

Und die Moral von dieser Geschichte ist, dass man eben nicht glauben darf, dass man alles schon erlebt hat in der Bahn. Es kann nämlich auch passieren, dass man an Bord angebrüllt wird, nur weil man höflich sein will.

Tobias Rüther

Remoulade-Pranken

Überfüllter ICE Berlin–Frankfurt: Warum ich mich wirklich freute, einen schnarchenden Herrn mit Michael-Moore-Statur (no offense) neben mir sitzen zu haben, dessen lufteinnehmender Atem nach halb verdautem Nordsee-Fischbrötchen mit Zwiebeln und Knoblauchremoulade (oder war es ein Döner?!) roch und dessen Kopf permanent in meine Richtung kugelte und mehrmals fast auf meiner Schulter landete?

Antwort: Im Wachzustand war es noch schlimmer.

Nachdem ich ihn überreden konnte, die Armlehne zwischen uns als Sitztrenner runterzuklappen (er hatte sie selbstverständlich hochgeklappt, um sich an mich zu kuscheln), hatte er sich seinem unendlichen Vorrat an kulinarischen Schätzen von Ei-Brötchen bis Dönerartigem gewidmet, laut schnaubend und schmatzend seine Computermaus inklusive seiner Pranken auf meiner Tischhälfte geparkt und leider immer wieder versucht, Kontakt zu mir aufzunehmen. Nachdem er bereits mein akzentfreies Deutsch bemerkt hatte, sang ich ihm telepathisch ein Wiegenlied, damit er bis zur Ankunft weiterschlief. *(#remouladedreams #manspreadingdeluxe)*

Ubin Eoh

Kenia

Es war ein ungewöhnlich kalter Oktobertag, an dem sich im ICE 105 von Köln auf dem Weg nach Basel, eine Viertelstunde vor dem Halt am Fernbahnhof des Frankfurter Flughafens, zwischen einer älteren Dame und deren Gatten folgender Dialog entspann:

Sie: »Wir sind gleich da, hol doch bitte schon mal die Koffer.«

Er geht zur Kofferablage und kommt mit einem Koffer zurück. Er geht wieder zur Kofferablage, sucht kurz, dreht sich um, sucht weiter und kommt kopfschüttelnd zurück.

Er: »Ich finde nur einen Koffer.«
Sie: »Und wo ist der andere?«
Er: »Den finde ich ja nicht.«
Sie: »Der wird ja nicht weg sein.«
Er: »Ich schaue noch mal.«
Sie: »Ja, schau doch noch mal.«

Er geht den ganzen Wagen ab. Überprüft Stauräume, Ablagen zwischen den Sitzen. Nichts.

Er: »Der ist nicht da.«

Sie trinkt Apfelschorle.

Sie: »Hast du den Anhänger drangemacht, den ich gekauft habe?«
Er: »Ja, habe ich.«
Sie: »Und das Kofferband?«
Er: »Ja, das auch.«
Sie: »Schau doch mal in dem anderen Wagen.«

Er verlässt den Wagen und kommt einige Minuten später wieder.

Er: »Der ist da auch nicht.«
Sie: »Wo ist er denn dann?«

Er: »Ich weiß es nicht. Der Schaffner sagt, der kann nicht weg sein, der Koffer.«

Sie: »Dann würde er ja da sein, wenn er nicht weg wäre.«

Er: »Der Schaffner sagt …«
Sie: »Lass mich jetzt einfach in Ruh'.«

Er: »Der Schaffner …«
Sie: »Schluss mit den Erklärungsversuchen!«

Sie schweigen sich an. Sie trinkt Apfelschorle.

Er: »Der Schaffner hat gesagt, dass Taschendiebe in Köln unterwegs waren.«
Sie: »Und was wollen die mit meinem Koffer?«
Er: »Es besteht die Möglichkeit …«
Sie: »Schieb dein Eigenversagen jetzt nicht auf andere. Ich warne dich!«
Er: »Ich …«
Sie: »Ruhe!«

Der Mann verzweifelt zusehends. Er kramt in der Netztasche am Sitz.

Sie: »Denkst du, da findest du ihn?«

Sie trinkt Apfelschorle. Er versucht, versöhnliche Töne anzuschlagen.

Er: »Vielleicht schaffen wir es ja mit einem Koffer.«
Sie: »Wir fliegen nach KENIA!«
Er: »Lass uns doch die Reise davon nicht verderben lassen.«
Sie: »HANS-HERBERT! Da sind Kosmetika drin! Schuhe! Das brauche ich alles!«
Er: »Das passiert halt manchmal.«

Sie: »DEIN Koffer ist ja auch noch da!«
Er: »Wir müssen jetzt das Beste aus der Situation machen.«
Sie: »Zuerst diese Wagenreihung und jetzt das. Tut mir leid, aber das ist zu viel.«

Sie schweigen sich an. Ein Zugbegleiter kommt vorbei und sagt, er habe den beschriebenen Koffer im ganzen Zug nicht gefunden.

Sie: »Hast du den Koffer überhaupt eingepackt?«
Er: »Ich meine ja.«
Sie: »Meinst du also.«
Er: »Wir haben doch gemeinsam das Taxi zum Bahnhof genommen.«
Sie: »Und war da der Koffer noch da?«
Er: »Ich meine, ja.«
Sie: »Und weißt du es auch?«
Er: »Du warst doch dabei!«
Sie: »Ich habe nicht darauf geachtet.«
Er: »Aber kannst du dich erinnern …«
Sie: »Die Koffer unterlagen die ganze Reise über deiner Verantwortung, Hans-Herbert.«

Der Zug fährt in den Flughafenbahnhof ein.

Sie: »Und jetzt? Ich steige hier nicht aus.«
Er: »Jetzt komm.«
Sie: »Du kannst ja aussteigen mit deinem Koffer.«

Er: »Wir kaufen dir alles neu im Urlaub.«
Sie: »Das gibt es da alles nicht, was ich brauche.«
Er: »Früher wäre das doch auch kein Problem gewesen!«
Sie: »Das kann nur jemand sagen, dessen Koffer nicht verloren ging.«

Dem Mann reißt der Kragen: »Man kann mit dir auch nicht verreisen. Du bist nur gut zum Zuhausebleiben. Du meckerst zu viel.«

Das sitzt. Sie steigt schweigend, aber erhobenen Hauptes aus, er hievt den Koffer hinterher.

»Du hast recht, Hans-Herbert«, sagt sie. »Flieg du nach Kenia. Ich bleibe hier.«

Florian Siebeck

Das WLAN hängt bei den Sexszenen

Geil, mein Netflix im ICE bleibt immer genau bei den Gaysexszenen stehen und buffert dann mehrere Minuten. Ich sitze im überfüllten Zug – und die Gesichtsausdrücke meiner wechselnden Sitznachbarn: priceless. Als hätten sie in Zitronen gebissen. Erstens, weil sie merken, dass ich sie beim Mitgucken erwische, zweitens wegen Männerliebe. Deal with it!

Ubin Eoh

4

Heiß und Eis –
Die Sache mit dem Wetter

Im Herbst 1966 startete die Deutsche Bundesbahn eine Werbekampagne mit dem Slogan:

»Alle reden vom Wetter. Wir nicht.«

Er sollte unterstreichen, dass die Züge der Bahn im Gegensatz zu anderen Verkehrsmitteln völlig unabhängig von Schnee, Hitze oder Regen fahren konnten. Der Slogan war griffig und einprägsam. So einprägsam, dass er rund vierzig Jahre später von den Medien wieder hämisch hervorgeholt wurde, als der

Orkan Kyrill im Januar 2007 über Deutschland fegte und die Bahn den Zugverkehr bundesweit einstellen musste.

Seitdem hat sich das Wetter verändert, und auch Europa spürt den Klimawandel immer stärker. Länger andauernde Hitze im Sommer, und im Frühjahr und Herbst werden die Abstände, in denen Stürme Teile des Zugverkehrs lahmlegen, immer geringer. So mussten im Oktober 2017 die Züge wegen des Sturmtiefs Xavier stillstehen, und nur wenige Monate später wiederholte sich das Szenario während des Orkantiefs Friederike im Januar 2018.

Obwohl solche Großwetterlagen frühzeitig bekannt sind, herrscht bei ihrem Eintreffen doch immer wieder Chaos bei der Bahn – wie die folgenden Berichte in diesem Kapitel, darunter zwei der Herausgeberin selbst, erzählen.

Solche Situationen zeigen aber, dass – selbst wenn das Transportsystem versagt – die Menschen in der Lage sind, sich gegenseitig zu helfen. Wer wegen eines Sturms irgendwo liegen bleibt, kann von der Hilfsbereitschaft der Mitreisenden oder der Anteilnahme fremder Menschen berichten – und selbst Social Media ist dann einmal nicht der virtuelle Marktplatz, auf dem alle ihre Befindlichkeiten laut schreiend dem Nachbarn ins Gesicht werfen. Im Gegenteil, in jenen Momenten erfüllen die sozialen Netzwerke ihr bestmögliches Potenzial: Menschen miteinander zu verbinden, um sich gegenseitig zu helfen. Und so bekommt eine Bahnfahrerin nicht nur emotionale Unterstützung, sondern auch hilfreiche Informationen über ihre Weiterfahrt, und ein ganzes Abteil voller hungriger Reisender kommt so zu kostenloser Pizza.

Gestrandet in Fulda

Wie schlimm kann so ein Sturm schon werden, bis nach Berlin wird die Bahn doch wohl kommen. Das war die Idee am 18. Januar 2018. 13 Uhr 02 ging die Fahrt mit dem ICE-Sprinter in Frankfurt am Main los. 15 Uhr 07 sollten wir in Erfurt sein. Alle im Zug hatten vage vom Sturm gehört, der auf den Namen Friederike getauft worden war, doch in Frankfurt ist blauer Himmel, und so recht kann keiner glauben, dass das Wetter heute noch schlimmer werden würde.

14 Uhr 05: Der Zug steht. In Fulda. Alle bleiben unbeeindruckt sitzen, man will ja schließlich nach Berlin. Dann die Durchsage des Bahnführers: »Meine Damen und Herren, wie sie sicherlich schon bemerkt haben, sind die Türen offen. Das ist eine gute Nachricht. Die schlechte: Wir sind hier außerplanmäßig zum Stehen gekommen in Fulda. Vor uns auf dem Streckenabschnitt stehen bereits zwei weitere Züge. Der Streckenabschnitt wird derzeit von einer Lok auf die Befahrbarkeit geprüft. Wie Sie wissen, zieht gerade ein Sturmtief über Deutschland. Wir müssen warten, was bei der Erkundungsfahrt der Lok herauskommt.«

Leichtes Murren. Smartphones werden gezückt, Wetterberichte und Nachrichtenseiten aufgerufen, Verwandte, Termine, Geschäftspartner angerufen. »Ja, hier ist blauer Himmel, aber anscheinend könnte es später werden. Na, ist ja erst 14 Uhr.« Geduld ist die Tugend des Bahnreisenden.

14 Uhr 43: nächste Durchsage. Der Bahnbeamte entdeckt

seine leicht sadistische Ader: »Meine Damen und Herren, großartige Neuigkeiten meinerseits ... (und hier macht er eine kleine Pause, in der die Fahrgäste kurz den Atem anhalten) ... gibt es nicht. (Der Mann am Nebentisch sackt ein bisschen in sich zusammen.) Die Strecke nach Eisenach ist gesperrt, die nach Hannover auch. Wer jetzt umsteigen will, auf dem Gleis nebenan steht ein ICE, der demnächst zurück nach Frankfurt und bis nach Mannheim fahren könnte.«

Ein Passagier im Cordhemd ereifert sich: »Aber ich will nicht nach Frankfurt, ich will auch nicht nach Mannheim.« – »Was machen wir dann?«, fragt sein Nachbar. »Na, notfalls übernachten wir halt in Fulda.« Er weiß noch nicht, dass er diesen Witz kurz darauf bereuen wird. Die Businessfrau zwei Sitze weiter hinten raunzt genervt in ihr iPhone: »Wir stehen. Was soll ich machen? Ich komm zu spät.«

15 Uhr 15: Der Zugbegleiter geht durch. »Wenn Sie ein Bauchgefühl haben wollen: Nach Berlin kommen wir heute nicht mehr.«

Je länger wir stehen, desto unwahrscheinlicher wird es, heute überhaupt noch irgendwohin zu kommen.

Die Hälfte der Reisenden im Abteil packt die Sachen und verlässt den Zug. Wir stehen jetzt seit gut neunzig Minuten.

Bleiben oder gehen? Könnte sich als Prüfung fürs Dschungelcamp etablieren. Nur, dass man hier nicht weiß, ob man irgendetwas gewinnt, wenn man bleibt.

Immer wieder kommen Gäste mit Essen aus dem Bordbistro. Es gibt erste Spekulationen, wie lange die Vorräte an Bord wohl noch reichen werden. »Immerhin stehen wir ja am Bahnhof, da können sie Nachschub holen«, sagt der Mann im Cordhemd optimistisch.

15 Uhr 50: wieder eine Durchsage. Der Zugführer ist sichtlich mitgenommen: »Es ist echt bescheiden. Der komplette Bahnverkehr in Hessen wurde eingestellt. Dieser Zug wird heute nirgends mehr hinfahren.«

Also raus aus dem Zug. Auf dem Bahnsteig pfeift mittlerweile ein scharfer Wind. Vor dem DB-Servicezentrum in der Bahnhofshalle stehen die Fahrgäste Schlange. Die Schlange dreht sich in Kurven durch das halbe Gebäude. Alle wollen Hotelgutscheine. Manche wollen wissen, ob nicht doch noch irgendwo eine Möglichkeit zur Weiterfahrt besteht. Bei den Mietwagenzentralen nimmt niemand mehr das Telefon ab, die Leitungen sind dauerbelegt. Wenn man doch durchkommt, gibt es nur die Information, dass keine Autos mehr da seien, die man entleihen könnte.

Innerhalb weniger Minuten ist auch in Fuldas Hotels das letzte Zimmer ausgebucht. Im Bahnhof erklingt die letzte Durchsage: »Der Bahnverkehr ist für heute komplett eingestellt. Die nächsten Züge werden hier erst morgen abfahren. Die Hotels sind in Fulda ausgebucht. Auf Gleis vier steht ein Hotelzug für Sie bereit.«

Letzte Prüfung für heute: Kurzsprint. Wer jetzt keinen großen Koffer dabeihat, ist im Vorteil. Die Schlange der Wartenden löst sich abrupt auf und teilt sich in einer Woge die zwei Treppen hinauf, wie Moses sie schöner nicht hinbekommen hätte. Jeder versucht, als Erster den Zug zu erreichen und einen Sitzplatz zu ergattern. Es könnte eine lange Nacht werden.

Maria Wiesner

Von fünf Minuten bis hin zu Zugausfall

Am 7. Juni 2018 wollte ich abends geschäftlich mit einem Flugzeug von Stuttgart nach Paris reisen. Aufgrund eines Unwetters wurde der Flughafen kurz vor meinem Abflug geschlossen. Ich wollte dann mit der Bahn nach Hause Richtung Düsseldorf fahren.

Der Transfer vom Stuttgarter Flughafen zum Hauptbahnhof klappte noch ganz gut, das heißt: planmäßig. Der Zug, für den ich mich entschieden hatte, sollte kurz nach 21 Uhr vom Stuttgarter Hauptbahnhof abfahren. Im Bahnhof hatte ich unter vermeintlich großer Zeitnot und mit hängender Zunge alle Wege bestritten und ein Ticket erstanden – es erfolgte keine Info seitens des Verkaufspersonals, ob oder dass der Zug verspätet sei oder ausfiele –, um danach mehr als drei Stunden warten zu müssen. Es folgten die üblichen ›tröpfchenweisen‹ Informationen über Verspätungen, beginnend mit »Fünf Minuten« bis hin zu »Zugausfall«. Mit weiteren Zugverbindungen Richtung Ziel erging es mir dann genauso.

Auf der Suche nach etwas Ess- und Trinkbarem im Bahnhof schoss mir beim Anblick der mit mir gestrandeten Menschenmassen, die ebenfalls ›nur‹ Hunger und Durst stillen wollten, der Gedanke durch den Kopf, dass so »(Bürger-) Krieg aussehen muss«. Zwischenzeitliches Highlight war ein Bahnmitarbeiter, der sich immerhin zu den Wartenden auf den Bahnsteig gewagt hatte. Der zunächst noch sachlich geäußerten Kritik an der Informationspolitik seines Arbeitgebers (»… keiner wirft der Bahn vor, dass sie bei Unwetter keinen ungestörten Schienenverkehr aufrechterhalten kann, aber …«) begegnete er mit einer Mischung aus meines Erachtens unangemessenem Humor, Zynismus und zunehmender Aggressivität.

Irgendwann zwischen Mitternacht und 1 Uhr in der Früh fuhr dann der erste und letzte Zug »Richtung Norden«, Endstation Mannheim. Aus dem Bahnhof Mannheim wurden die Reisenden dann von einem ziemlich rabiat agierenden Trupp Sicherheitspersonal wegen Schließung des Gebäudes hinausbefördert – in den Regen. Immerhin hatte am Bahnhofsvorplatz in Mannheim noch eine Dönerbude offen. So gestärkt, konnte ich dann das Warten wieder aufnehmen, gegen 2 Uhr 30 ging es mit dem Zug weiter Richtung Düsseldorf, wo ich (auch bei der vorletzten Fahrt dieser Reise verspätet) gegen 7 Uhr eintraf, um dann noch mit der S-Bahn zum Flughafen Düsseldorf zu fahren und den dort abgestellten Pkw abzuholen.

Das Einzige, was bei dieser Reise reibungslos klappte, war dann die Autofahrt im morgendlichen Berufsverkehr nach Hause: Ankunft gegen acht Uhr …

»Glück ist die Abwesenheit von Unglück.«

Mein Fazit: Unwetter können passieren, den Auswirkungen sollte jeder Bahnreisende mit Verständnis begegnen; die Deutsche Bahn beziehungsweise deren Mitarbeiter haben beim Umgang mit den Naturgewalten an diesem Tag aber völlig versagt – keine verbindliche und realistische Neuplanung von Zugverbindungen, eine jeder Beschreibung spottende Informationspolitik sowie ein völlig unangemessener Umgang mit Kunden.

Thilo Lutz

Gestrandet in Ludwigslust – und in Livekontakt mit der Welt

Eigentlich wollte ich im Oktober 2017 zum Filmfest Hamburg, doch ich kam gar nicht erst dort an.

Ich machte mich am Donnerstag, dem 5. Oktober 2017, auf den Weg – von Berlin nach Hamburg. Ich stieg um 13 Uhr 23 in Berlin am Südkreuz in den ICE 1712, der um 15 Uhr 30 in Hamburg-Dammtor ankommen sollte. Rund eine Stunde nach Abfahrt kam eine Durchsage, dass der Zug außerplanmäßig in Ludwigslust halten würde. Die Strecke nach Hamburg sei wegen des Sturmtiefs Xavier gesperrt, man wolle nun abwarten, bis das Wetter besser werde. Tatsächlich wurde es in Ludwigslust immer dunkler, windiger und regnerischer. Also machte ich das einzig Sinnvolle in so einer Situation: Ich machte ein Foto aus dem Zugfenster, twitterte über dieses Ereignis und postete das Bild zusätzlich bei Facebook.

Ein anscheinend sturmhalterfahrener Mitreisender sagte, dass so etwas immer mindestens drei Stunden dauere. Also griff ich nach meinem Buch und freute mich, dass ich für zweieinhalb Stunden Fahrt zwei Bücher eingepackt hatte.

Das musste ich natürlich ebenfalls twittern. Wir warteten. Ich sagte meine erste Nachmittagsverabredung in Hamburg ab. Dann kam die Durchsage, dass nun die Batterie des Zuges ausgestellt werde, was ich wiederum twitterte. Es ist ein Verhaltensmechanismus: Etwas passiert, ich sehe etwas, erlebe etwas und teile es in den sozialen Netzwerken. Es ist fast schon eine Selbstverständlichkeit, gerade wenn ich beruflich unterwegs bin. In der Rückschau auf diesen Tag wurde mir aber bewusst, wie wichtig das Internet in dieser Situation war.

Die sozialen Netzwerke boten mir drei Dinge: erstens Anteilnahme an meiner Situation. Es kamen Scherze, Anfeuerungsrufe und schlichtweg Interesse an meiner Situation. Ich bin in realen sozialen Situationen schüchtern, deshalb suche ich nicht den Kontakt zu Mitreisenden, vielmehr finde ich es erstaunlich, wie schnell sich in solchen Situationen Gruppen aus Fremden zusammenfinden. Ich stehe da aber immer eher abwartend am Rand.

Zweitens fand ich konkrete Hilfestellungen – Links zu Artikeln und Informationen über die Situation in Norddeutschland wurden mir zugeschickt. Als sich abzeichnete, dass der Zug über Nacht haltmachen würde, wurde ich mehrfach gefragt, wo genau ich sei – es gab sogar Überlegungen, aus Hamburg zu kommen und mich abzuholen. Von Menschen, die ich ausschließlich über soziale Netzwerke kannte. Und zwar nicht nur bei mir. Als eine Kollegin auf Facebook fragte, ob jemand eventuell ihrer Mutter eine Übernachtungsmöglichkeit in Hannover bieten könnte, habe nicht nur ich schnell den Kontakt zu einer dort lebenden Freundin hergestellt, sondern es trudelten weitere Hilfsangebote ein.

Und das führt zum dritten Aspekt: Soziale Netzwerke helfen, mit der Welt in Kontakt zu bleiben. In diesem Fall schon fast existenziell: Denn der Zug stand zwischen Berlin und Hamburg, und es gab kaum Informationen seitens der Bahn. Erst nach gut fünf Stunden Wartezeit ging ein Zugbegleiter zumindest durch meinen Zugabschnitt und sagte, was getan werde und wie es weitergehen solle. Vorher gab es Gerüchte und Informationen, die man sich selbst besorgte.

Der sturmhalterfahrene Mitreisende versorgte uns nach einem Ausflug zum örtlichen Kiosk mit der Information, wie lange es wohl noch dauern würde und dass am Bahnhof Taxischeine ausgegeben würden, es aber fast unmöglich sei, ein Taxi zu bekommen. Auch dieses Informationsvakuum konnte ich ein wenig durch die sozialen Netzwerke füllen. Als ich allerdings auf Twitter direkt bei der Bahn fragte – ein Service, der sonst wirklich vorbildlich und sehr schnell funktioniert –, wurde mir in dieser Situation leider nicht geholfen. Dafür trudelten weitere private Nachrichten von Freundinnen und Kolleginnen ein, die mitbekommen hatten, was bei mir los war – und fragten, wie sie helfen könnten.

In diesen acht Stunden in Ludwigslust erlebte ich daher einen Aspekt von sozialen Netzwerken, von dem ich vorher immer nur gehört hatte: dass sich in Ausnahmesituationen sehr viele hilfsbereite Menschen dort finden, die versuchen, etwas dazu beizutragen, damit die Situation besser wird. Mich und einige Mitreisende hat dann mein Mann aus Ludwigslust mit einem geliehenen Wagen abgeholt. Um halb zwei nachts waren wir wieder in Berlin. Und noch am nächsten Tag fragten mich Menschen in sozialen Netzwerken, wie ich meine Reise verkraftet habe.

Sonja Hartl

Eine Nacht im »Hotelzug«

»Hotelzug« steht an der Anzeige von Gleis 4 in Fulda. Das Wort klingt nach Orientexpress: weiche Sitze und kuschelige Betten. Irgendwie gehört auch ein Speisewagen mit weißen Tischdecken zum Klischeebild. So viel Luxus konnte die Deutsche Bahn den rund achthundert Gestrandeten an diesem Sturm-Donnerstag im Januar 2018 in Fulda jedoch nicht bieten. Was da auf Gleis 4 bereitgestellt wurde, war dann eben doch nur ein normaler ICE mit Bordbistro. Aber darüber wollte sich da schon niemand mehr aufregen. Es war klar, dass man hier festsaß.

Die Bahn hatte den Zugverkehr wegen des Sturmtiefs Friederike mittlerweile deutschlandweit eingestellt. Unter Umständen würde man also die ganze Nacht hier auf diesem windigen Bahnhof verbringen müssen. Und wenn man das musste, dann doch wenigstens im Warmen – und mit Strom für Laptop und Smartphone.

»Solange wir WLAN haben, sind doch alle zufrieden«, sagte ein Geschäftsmann. Die Gestrandeten sind nicht nur zufrieden, alle sind hier äußerst freundlich zueinander. Im Sturm stecken zu bleiben schweißt zusammen. Den Familien mit Kindern werden die Vierertische und Abteile angeboten, Sitznachbarn teilen, was sie noch an Proviant in ihren Taschen finden, ein älterer Herr zückt ein Kartenspiel, kurz darauf spielt er mit sechs Umsitzenden Rommé. »Jetzt sind wir so viele, man hat kaum noch Platz zum Auslegen«, sagt er und lacht. Die Stimmung ist ein bisschen wie zur ersten Klassenfahrt, als man gerade neue Freunde kennenlernte. Ans Arbeiten denkt keiner mehr. Überhaupt ist von der Hektik und Getriebenheit, die sonst einen Bahnwaggon erfüllt, nichts übrig geblieben. Der Zwang zum Stillstand hat hier alle zu einer Schicksalsgemeinschaft gemacht, die sich irgendwie die gute Laune behält.

Ein Gerücht wabert durch die Waggons: Im Bordbistro soll es kostenlose Snacks und Getränke geben. Die Schlange dort zieht sich in den nächsten Wagen, aber niemand beschwert sich. Alle warten geduldig, bis sie an der Reihe sind – und sie reden miteinander, erzählen, wohin sie wollten, woher sie kommen. Bilder von Kindern und Enkeln werden gezeigt, ein bisschen Politik diskutiert. Dann ist man auch schon am Bistrotresen, wo eine junge Frau rausreicht, was gerade fertig wird: Würstchen, Käsebrote, Panini mit Ei. »Ich muss Ihnen ein großes Lob aussprechen«, sagt ein Franzose, der sich ein Würstchen greift. »Sie sind so freundlich hier zu den Gästen. Ich bezweifle, dass Ihre französischen Kollegen das in einer ähnlichen Situation so hinbekommen würden.«

Da aber niemand von Käsebrot allein satt wird, wenn er schon den ganzen Tag im Zug verbracht hat, überlegt man, anderweitig an Essen zu kommen. »Wäre toll, wenn man sich jetzt eine Pizza bestellen könnte«, sagt eine Frau am Nebentisch. Geht das? Per Twitter lässt es sich leicht herausfinden. Auf die Frage:

»Bringt Lieferando auch Pizza ans Gleis?«,

antwortet prompt der Social-Media-Dienst des Accounts, der in dieser Nacht von einem Felix betrieben wird. Klar ginge das, schreibt er. Und als er hört, dass man wegen des Sturms liegen geblieben sei, legt er glatt noch ein paar Gutscheine drauf, damit fürs ganze Abteil bestellt werden könne. Große Freude! Vierzig Minuten später steht ein Pizzabote am »Hotelzug« und hält die dampfenden Kartons in die Höhe. Er ist ein Held dieses Abends. Mit Bier aus dem Bahnhofskiosk stößt man auf den Boten und Felix vom Social-Media-Team an.

Gerade als man denkt, es könnte bei so viel zwischenmenschlicher Liebe nicht wärmer werden, knarrt es aus den Lautsprechern: »Die freiwillige Feuerwehr steht draußen am Gleis und verteilt kuschelige Decken für die Nacht.« Dass der Sprecher sie ausgerechnet als kuschelig anpreisen musste, war dabei das berühmte Detail zu viel. Die Decken sind innerhalb von drei Minuten vergriffen. Wer keine bekommen hat, macht es sich für die Nacht zwangsweise in seiner Jacke oder seinem Mantel gemütlich.

Zwei junge Männer gehen durch das Abteil. »Braucht jemand noch einen Schlafplatz? Wir haben in unserer Wohnung noch ein Bett frei«, sagt der Größere der beiden. Er sei gerade selbst für mehrere Hundert Euro von Köln mit dem Taxi angereist, weil sein Zug ausgefallen war. Die Bahn habe dort Gutscheine für den Transport verteilt. Als er dann gehört habe, dass auch am Bahnhof seiner Heimatstadt so viele Menschen gestrandet seien, habe er mit seinem Mitbewohner beschlossen, den freien Schlafplatz anzubieten. Im Abteil lehnt man ab, verweist auf die Familien mit Kindern weiter hinten im Wagen, für die das Schlafangebot sicherlich notwendiger sei. Hier hoffen alle, dass sie es im »Hotelzug« schneller mitbekommen, wenn am Morgen die ersten Züge wieder fahren sollten.

Maria Wiesner

5

Ein Schal macht Furore – Verspätungen aller Couleur

Claudia Weber pendelt wochentags von ihrer Wohnung in einer bayrischen Kleinstadt nach München, wo sie in einem Reisebüro arbeitet. Sie strickte im Jahr 2018 während ihrer Fahrten jeden Tag an einem Schal. Auf jeder Fahrt kamen zwei Reihen dazu. Sie nutzte graues Garn, wenn der Zug weniger als fünf Minuten Verspätung hatte, rosafarbenes bei einer Verspätung zwischen fünf und dreißig Minuten und rotes Garn, wenn sich sowohl Hin- als auch Rückfahrt verspäteten oder wenn einer der Züge mehr als dreißig Minuten zu spät ankam.

Ihre Tochter postete im Dezember 2018 ein Bild des Strickergebnisses auf ihrem Twitter-Account. Darauf ist ein gestreifter Schal zu sehen. Der im Frühjahr entstandene Teil hat noch viele graue und rosafarbene Streifen – die Verspätungen übertrafen also nicht die Dreißig-Minuten-Marke. Doch dann sitzt da ein dicker roter Streifen. In dieser Zeit hatte Bayern Sommerferien, und die Bahnfahrerin benötigte etwa zwei Stunden pro Strecke. Der Grund: Schienenersatzverkehr – für sechseinhalb Wochen.

Und auch gegen Ende des Jahres werden die Streifen bunter, es ist viel Rot darunter. Das seien Weichen- und Türstörungen gewesen oder Verspätungen, die verspätete vorausfahrende Züge verursacht hatten. Von sechs verstrickten Wollknäueln seien nur drei grau gewesen. So erzählte es die Tochter *Spiegel Online*.

Der »Bahn-Verspätungsschal« machte Schlagzeilen, sogar die *New York Times* berichtete darüber. Die Bahnreisenden in diesem Kapitel hätten dem Schal noch einige dunkelrote Flächen hinzufügen können, nur fehlte ihnen das Garn.

Laut eines Berichtes im *Stern* vom 6. Dezember 2018 kamen allein im Oktober des Jahres fast dreißig Prozent der Züge im Fernverkehr mit über sechs Minuten Verspätung an. Da die Bahn selbst ihre Verbindungen mitunter mit einer Umsteigezeit von fünf Minuten herausgibt, werden Anschlüsse dann schon nicht mehr erreicht. Stundenlanges Warten am Zwischenhaltebahnhof ist die Folge – wie lange das manchmal dauert, beschreiben verspätungsgeplagte Reisende in diesem Kapitel.

Den »Bahn-Verspätungsschal« versteigerte die bayrische Pendlerin übrigens auf eBay, der Erlös von mehr als 7.500 Euro ging an die Münchner Bahnhofsmission. Damit hatten immerhin diese Verspätungen am Ende noch einen guten Zweck erfüllt. Ersteigert hatte den Schal dann tatsächlich ganz selbstironisch das Digital-Team der Deutschen Bahn.

Nur Laufen könnte langsamer sein

Kürzlich fuhr ich abends von Frankfurt am Main nach Geisenheim im Rheingau. Die S-Bahn stoppte außerplanmäßig auf freier Strecke und hielt circa zehn Minuten an. Eine Durchsage dazu erfolgte nicht. In Wiesbaden hätte ich zwischen drei und fünf Minuten Zeit zum Umsteigen gehabt. Wegen der verspäteten S-Bahn gelang das jedoch nicht, und ich erreichte die letzte Zugverbindung nach Geisenheim nicht mehr.

Die nächste Möglichkeit zur Weiterfahrt war dann der Nachtbus um 0 Uhr 40.

Die Reisezeit hat durch diese Verspätung rund drei Stunden gedauert – für eine Strecke von gut sechzig Kilometern!

Die Bahn macht Werbung mit Schnelligkeit, dreister geht es kaum.

Andreas Mario Zimmer

Chaos erster Klasse

In den Sommerferien 2018 wollten wir unsere drei minderjährigen Kinder (vierzehn, dreizehn und zwölf Jahre alt) für ein verlängertes Wochenende zu ihrem Onkel nach Schwerin schicken. Da unsere Kinder noch nie allein mit einem Fernzug gefahren waren, haben wir eigens die erste Klasse gebucht – dafür zuvor entsprechende BahnCards gekauft –, Sitze reserviert und einen durchgehenden IC von Düsseldorf nach Schwerin ausgewählt. Bloß kein Umstieg in Hamburg, so unser Gedanke.

Das Drama fing dann schon am Düsseldorfer Hauptbahnhof an: dreißig Minuten Verspätung, umgekehrte Wagenreihung, einzelne Waggons fehlten.

Zum Glück war der Waggon mit der Nummer 14 dabei, in dem wir die Plätze für unsere Kinder gebucht hatten. Allerdings war allein der Einstieg aus den vorgenannten Gründen schon äußerst stressig, nicht zuletzt auch, weil die von uns reservierten Plätze besetzt waren, was dann aber mithilfe von Mitreisenden geregelt werden konnte.

Die Fahrt war dann ein einziges Chaos: Statt wie laut

Fahrplan um 16 Uhr 10 kamen unsere Kinder um 19 Uhr nach sieben Stunden Fahrt in Schwerin an, also mit knapp drei Stunden Verspätung. Immer wieder gab es unvorhergesehene Aufenthalte an Bahnhöfen – wegen technischer Probleme (»Wir warten auf das Logistikteam«) und eines umgestürzten Baumes.

In Hamburg erfolgte dann die Aufforderung an alle Passagiere, den Zug zu wechseln, um nach Schwerin zu kommen. Damit waren unsere Kinder natürlich vollkommen überfordert. Panik – WhatsApp-Nachrichten wurden mit uns im Sekundentakt gewechselt. Schließlich blieben sie im Zug, und es ging dann doch weiter.

Aus ihrem eigentlichen Waggon waren unsere Kinder übrigens schon lange umquartiert worden, irgendwo bei Münster, denn die Klimaanlage funktionierte nicht, wie schließlich dann im gesamten Zug. Bei fünfunddreißig Grad Außentemperatur! Zeitweise mussten sich unsere Kinder zu dritt auf zwei Sitzplätze quetschen, da der Zug völlig überfüllt war. Immerhin mussten sie nicht stehen und wurden aus dem Bistrowagen mit Getränken versorgt. Es gab sogar Cola, und die Mitarbeiter der Bahn sollen freundlich gewesen sein.

Besagter Bistrowagen fehlte dann allerdings auf der Rückfahrt nur wenige Tage später. Da die Klimaanlage auch dann nicht funktionierte, immer noch bei fünfunddreißig Grad Außentemperatur, gab es nur warmes stilles Wasser, das verteilt wurde. Die Getränkepackungen haben wir heute noch. Aber die Bahnmitarbeiter waren auch dieses Mal freundlich. Schließlich wurden unsere Kinder auch auf dieser Fahrt umquartiert, diesmal in die zweite Klasse, denn dort funktionierte die Klimaanlage. Das war aber erst in Dortmund, wo auch die Durchsage erfolgte, alle Passagiere mögen in einen ICE wechseln. Nicht gesagt wurde, dass der ICE gar nicht in Düsseldorf halten sollte, wo unsere Kinder aber von meiner Frau erwartet wurden. Dem Zugpersonal fiel das nicht auf. Zum Glück aber einer Mitreisenden. Dann durften unsere Kinder doch im IC bleiben. Mit der halben Stunde Verspätung auf der Rückreise konnten wir letztendlich noch sehr zufrieden sein.

Unser zwölf Jahre alter Sohn kommentierte zum Schluss: »Papa, das war typisch Bahn!« Es war seine erste längere Bahnreise.

Andreas Machnik

Vielleicht kommen Sie dahin, wo Sie hinwollen

Ich nahm den ICE von Bonn und wollte zum Hauptbahnhof in Frankfurt am Main. Der Zug hatte bereits eine Verspätung von etwa einer Stunde, dann hielt er lange in Koblenz und verspätete sich noch mehr. Erst nachdem wir Koblenz verließen, wurde durchgesagt, dass der Zug heute außerplanmäßig nicht am Frankfurter Flughafen halten würde, wegen der angehäuften Verspätung.

Ich erinnere mich an einen Mann, der sehr wütend wurde, weil er sein Flugzeug verpassen würde.

So spät, und dann meidet man den wichtigsten Fernverbindungsort Deutschlands, obwohl eine Menge Menschen an Bord waren, die ihre Flugzeuge kriegen müssen … Der Werbespruch dazu müsste lauten: »DB – vielleicht kommen Sie dahin, wo Sie hinwollen.« (Für die internationale Kundschaft: »DB – maybe you'll get there.«

Oldamur Hollóczki

Gezwungenermaßen sportlich: mit dem Rad nach Hause

Vor einigen Jahren wagte ich das Risiko, mit einem Deutschlandticket von Rostock nach Freising in der Nähe von München zu fahren und dabei mein Fahrrad mitzunehmen. Erstaunlicherweise kamen alle Züge pünktlich genug, und so war ich am Abend nach elf Umstiegen nur noch fünfzig Kilometer von meinem Ziel entfernt.

Die Bahn hat mich mit ihrer Unzuverlässigkeit dennoch nicht enttäuscht:

Am Abend musste unser Zug dann an einem kleinen Bahnhof halten, da es eine Gleisstörung gab. Wir wurden angewiesen, im Zug zu warten, da die Weiterfahrt sich verzögern würde. Nach etwa einer Stunde und mehreren widersprüchlichen Durchsagen erfuhren wir, dass der Zug nicht weiterfahren könne. Wir sollten auf den Schienenersatzverkehr warten.

Nach weiteren fünfundvierzig Minuten kam dieser. Zunächst nur ein Bus, obwohl zwischen zwei- und dreihundert Menschen warteten. Nachdem irgendwann weitere Busse kamen und die egoistischeren Bahnkunden sich alle vorgedrängelt hatten, war ich dann auch an der Reihe, mitzufahren. Dachte ich. Denn vom Busfahrer wurde mir mitgeteilt, dass ich das Rad nicht mitnehmen könne. Zwar wäre in der bereits geöffneten Kofferablage Platz, aber mein Rad könnte andere Gepäckstücke beschädigen. An dieser Entscheidung war nicht mehr zu rütteln.

Die restlichen achtundvierzig Kilometer bin ich dann um 23 Uhr nach Hause geradelt und war erst nach 1 Uhr zu Hause. In dem Moment war ich aber einfach nur froh, überhaupt zu Hause zu sein.

Daniel Fischer

»Der Zugführer hat Feierabend gemacht«

Frankfurt Hauptbahnhof, nachts um 3 Uhr fährt ein Zug mit vier Stunden Verspätung ein. Ich sitze bereits in diesem ankommenden Zug. Um 3 Uhr 30 gibt es die Durchsage:

»Leider verzögert sich die Weiterfahrt auf unbestimmte Zeit, der Zugführer hat Feierabend gemacht, und auf die Schnelle bekommen wir keinen Ersatz.«

Das war eines meiner persönlichen Highlights.

Aber ich fahre täglich als Pendler im Fernverkehr mit einem IC, und im Großen und Ganzen klappt es. Aber Sahnebonbons gönnt sich die Bahn immer wieder, manchmal sogar in die andere Richtung. So hieß es auch mal: »Völlig überraschend erreichen wir unseren Zielbahnhof früher als geplant.«

Stefan Zschernig

Der letzte Zug

Montagnacht. Ich stehe auf einem menschenleeren Bahnsteig am Berliner Hauptbahnhof. Ich komme von einem Arbeitstreffen in Essen, und der Zugverlauf sollte mich über Hannover und Berlin zurück ins heimatliche Leipzig führen. Hier ist Umstieg. Der letzte Zug des Abends. Und nun stehe ich da am leeren Gleis, während die Anzeige über mir beständig sagt: »Ihr Zug wird für Sie in Berlin/Südkreuz bereitgestellt.« Nicht mehr. Keine Durchsage. Kein Schaffner. Kein Hinweis, wie man dorthin gelangt.

Zum Glück war ich schon häufig genug in Berlin, um zu wissen, dass man eigentlich nur ein paar Stationen zur Friedrichstraße fahren muss, um dann mit der S2 direkt zum Südkreuz fahren zu können. Das dauert in der Regel fünfzehn Minuten. Ich will meine Annahme noch schnell an einem Kartenautomaten überprüfen, der mir aber prompt antwortet, dass die Strecke der S2 zwischen Mitternacht und fünf Uhr wegen Bauarbeiten gesperrt sei. Die Maschine zeigt stattdessen eine alternative Route über das Westkreuz an, was letztendlich bedeutet, dass ich um diese Uhrzeit eine halbe bis Dreiviertelstunde durch die halbe Stadt fahren muss. Noch dazu habe ich überhaupt keine Ahnung, wann dieser ominöse Zug am Südkreuz abfahren soll. Der Automat weiß nichts von ihm, und mein Handy hatte bereits zwischen Hannover und Hildesheim den Geist aufgegeben.

Aber ich versuche einfach mein Glück und werfe mich in

die nächste S-Bahn gen Westen. Inzwischen ist bereits viel Zeit vergangen, sodass ich das Gefühl bekomme, mich beeilen zu müssen. Nach einer kleinen Ewigkeit am Südkreuz angekommen, hetze ich mit schwerem Gepäck so schnell es geht von den Gleisen der Ringbahn hinunter zu denen der Fernzüge. Und kaum zu glauben: Dort steht doch tatsächlich ein etwas in die Jahre gekommener IC mit Ziel Leipzig. Die Anzeige beziffert seine Abfahrt auf 1 Uhr 45. Zu dieser Zeit sollte ich längst zu Hause angekommen sein.

Da mir noch etwa zehn Minuten bleiben und mich das Gehetze zum Gleis durstig gemacht hat, versuche ich, eine Flasche Wasser aus einem Automaten zu bekommen. Doch muss ich leider feststellen, dass ich hierzu nicht das nötige Kleingeld habe. Ich frage daher einen Bahnbediensteten in Uniform, der sich später als Zugführer herausstellen soll, ob der Zug ein Bordbistro habe, da ich durstig sei. Darauf lacht dieser nur und sagt: »Ischb'n froh, dass'ch vier Räda hab'. Aba'ch schau ma, was'ch mach'n lässt.«

Ich weiß bis heute nicht, ob der Mann lediglich einen sehr breiten Dialekt sprach oder einfach nur betrunken war. Auf Letzteres lässt jedenfalls seine ungemeine Redseligkeit schließen, als er mir etwa fünfzehn Minuten später einen Tetrapack mit Wasser bringt und auf meine Frage, warum der Zug hier am Südkreuz warten würde, sehr freimütig entgegnet:

»Die Giste is' so im Arsch, 'ch darf in keen Dunnel fahrn. D' ham Angst, dass wa lien bleibn.«

Ich verstand schnell: Zwischen Hauptbahnhof und Südkreuz führt die Strecke unter Berlin hindurch, ein Ausfall des Triebwagens hätte eine schwierige Evakuierung des Zuges zur Folge gehabt. Aber warum wurde der Zug denn dann eingesetzt, fragte ich. »Wei die keene andern ham. Is doch all's im Arsch. Wird doch all's nur noch schnell uf Strecke gefixt. Nüscht mehr mid Ausbessrung. 'ch sach dir, fahr nie mit'm letzten Zuch. Mach's einfach nich! Der letzte Zuch's immer total im Arsch. Weeste?! Wei' wenn der lien bleebt, stört's keen, der nachkommt. Deen könn'se dann g'mütlich abschlepp'n.«

Das leuchtete mir ein. »Mach's einfach nich!« Der Zugführer verschwand, und der letzte Zug des Abends rollte aus dem Bahnhof. Leipzig erreichte er nach gut drei Stunden und vier Mal Halt auf freier Strecke.

Jonas Hennicke

6

Kein Sitzplatz, keine Klimaanlage und andere Katastrophen

Ab dem Herbst 2018 häuften sich die Berichte über Probleme bei der Deutschen Bahn in den Medien. »Wahnsinn Bahn«, titelte das Magazin *Stern* im Dezember 2018. »Kommt er? Oder kommt er nicht?«, fragte *Die Zeit* auf ihrem Titel Anfang Dezember und ließ einen gezeichneten ICE durch dunkles Schneegestöber fahren. Und wenige Tage später stellte auch die *Süddeutsche Zeitung* in ihrem Titelbild die Frage: »Was ist faul bei der Bahn?«

Im Koalitionsvertrag der Bundesregierung wurde vereinbart, dass sich der Personentransport bis zum Jahr 2030 verdoppeln soll. Von Fahrgastzahlen in Höhe von etwa 290 Millionen ist dann die Rede. Wie soll das dann aussehen? Schon jetzt bekommt man doch trotz vorheriger Reservierung manchmal keinen Sitzplatz. Nimmt man während der

Hauptpendelzeiten einen Zug, quetscht man sich mitunter für Stunden mit anderen Menschen würdelos in die Gänge und Türbereiche, weil nirgends Platz zum Sitzen ist.

Die meisten Artikel zur Bahnsituation beginnen dementsprechend mit den enttäuschten Erwartungen an das Unternehmen: »Eigentlich hätte die Bahn das Zeug dazu, das Lieblingsunternehmen der Deutschen zu sein: eines, das sie mit über 300 km/h konkurrenzlos schnell und sicher durchs Land bringt. Mit moderner Elektromobilität, pünktlich und umweltfreundlich dank Ökostrom«, schreibt der *Stern*.

»Alle Welt redet von den enormen Veränderungen, die Digitalisierung und Klimaschutz für den Verkehr bedeuten. Allerdings ist dann oft von intelligenten Autos und elektrischen Bussen, von automatischen Lkw und fliegenden Taxis die Rede – und nur selten von der Bahn«, konstatiert die *Süddeutsche Zeitung*.

Und *Die Zeit* blickt auf die Statistiken: »71,9 Prozent aller Züge waren in dieser Woche pünktlich. Im November waren es 70,4 Prozent. Anders ausgedrückt: Drei von zehn Schnellzügen haben mehr als sechs Minuten Verspätung.« Noch um die Jahrtausendwende warb die Bahn mit einem kurzen TV-Spot. Darin stehen Wartende am Bahnhofsgleis, aus den Lautsprechern ertönt die Ansage, dass der Zug nach Köln drei Minuten Verspätung habe. Eine Frau wirft weinend ihre Zeitung von sich, ein Choleriker wedelt dem nächsten Bahnbeamten seinen Finger ins Gesicht: »Drei Minuten Verspätung! Das ist ein Skandal!« Schock! Empörung! Spontane Kundgebungen sind die Folge. Mit »Drei

Minuten sind drei zu viel«-Plakaten ziehen Geschäftsmänner durch die Straßen. Und über dem einfahrenden ICE erklärt ein sonorer Sprecher: »Mit den Besten ist man am strengsten. Auch 2001 ist die Bahn wieder Deutschlands pünktlichstes Verkehrssystem.« Seitdem ist viel passiert. 2018 stellt *Die Zeit* in ihrem Bahnbeitrag fest: »In diesem Jahr wurde es schon zum Ereignis erklärt, wenn Reisende pünktlich ankamen, im Zug Klimaanlage, Kaffeemaschine und Klospülung funktionierten.«

In diesem Kapitel sind Geschichten versammelt, die davon erzählen, was geschieht, wenn genau das alles nicht funktioniert und zum Beispiel während der größten Hitzewelle die Klimaanlage ausfällt, wenn die Sitzplatzanzeige wieder einmal komplett versagt oder es die Nummer des Sitzplatzes einfach nicht gibt, obwohl man im richtigen Wagen ist – natürlich passiert das dann auch noch während des Weihnachtsferienverkehrs.

Driving Home from Christmas

Irgendwann meint man ja zu wissen, wie man sich am besten vorbereitet. Besser früh die Heimfahrt zu Weihnachten buchen, das schont den Geldbeutel, und auf jeden Fall eine Sitzplatzreservierung lösen, das schont die Nerven. Besser auch gleich für die Rückfahrt, irgendwann wollen die Menschenmassen wieder weg. Meinte ich.

Doch man sollte nie die Unberechenbarkeit der Deutschen Bahn unterschätzen.

Das mag als Rebellion gegen die durchgeplante Welt feiern, wer will, in der Praxis ist es vor allem eines: nervig!

Sicherlich war es ein Fehler, während der Stoßzeiten zu buchen. Ein IC am frühen Vormittag des 28. Dezember 2018 von Darmstadt nach Berlin – natürlich hatte der erst einmal fünfundzwanzig Minuten Verspätung. Geschenkt, wofür gibt es Bahnhofsbäckerkaffee? Dass aber genau dann, wenn mit Festtagspute gemästete, von Familienärger gefrustete und mit Nippesgeschenken beladene Menschenmengen zurück in den Moloch wollen, ein ganzer Waggon fehlte – das hätte nicht hinzukommen müssen. Dass es nicht der

Waggon war, in dem ich reserviert hatte, erleichterte nur kurz, denn die Bahn ist kreativ. Wer meint, dass nur, weil er einen Sitzplatz reserviert hat, dieser auch existiert, geht fehl. Platz 43, 44, 46, 47 – alle da. Nur der gebuchte Platz 45 nicht. Die während der Fahrt gefühlt dreimal wechselnde Zugbegleiterbesatzung, bestehend aus jungen, aber resoluten Damen (»Ist halt so«) und alten, überforderten Bayern (»Jaaa, wenn Sie nicht reserviert haben …« – »Habe ich aber doch!« – »So, na ja, dann weiß ich auch nicht.«), war auch wenig hilfreich. Ein Glück, nach zwei Stunden auf dem Gang, eingequetscht zwischen Kofferbergen und selbige erklimmenden Vierjährigen, wurde ein Platz frei. War er nicht vielleicht auch reserviert? Ich rebellierte gegen die durchgeplante Welt und setzte mich.

Peter Merg

Und zurück im Schweinsgalopp

Am 13. Juli 2018 wollten wir unsere Reise um 8 Uhr 58 nach Oldenburg in Holstein mit dem ICE 772 antreten. Nach verschiedenen Durchsagen, die mal von fünfzehn Minuten, mal von fünfzig Minuten Verspätung bis hin zum Ausfall und dann der Gleisänderung des neuen Zugs sprachen, war das schon sehr nervig. Dann gab es die Durchsage: »Bitte nächsten Zug, ICE 78, um 10 Uhr 09 auf Gleis 8 nehmen«, darauf folgte die Durchsage, dass der doch auf Gleis 9 ankomme, dann noch eine, dass er auf Gleis 1 einfahre.

Alle genervten Reisenden rannten zu Gleis 1. Solch einen überfüllten Bahnsteig haben wir selten gesehen. Keine Chance auf eine Mitfahrt. Wir gingen dann ins Reisezentrum, wo sehr freundliche Mitarbeiter eine Umbuchung vornahmen, leider konnten wir nur einen Platz reservieren: im ICE 578 um 12 Uhr 58.

Dieser kam circa zehn Minuten verspätet und laut Anzeige mit geänderter Zugreihung an. Also sind wir zum Gleisabschnitt F gehechtet, der Zug fährt ein, die erste Klasse befindet sich doch in Abschnitt A. Wieder zurück im Schweinsgalopp. Komplett durchgeschwitzt.

Endlich sitzen wir auf dem einen reservierten Platz. Im Zug herrscht enorme Hitze, die Klimaanlage ist ausgefallen, juhu! Nach circa fünfundvierzig Minuten haben uns die sehr netten Zugbegleiter in einen anderen Wagen mit funktionierender Klimaanlage bringen können.

Die Ankunft erfolgte zehn Minuten verspätet, und der Umstieg in Hamburg war nicht weniger chaotisch. Die Ankunft im holsteinischen Oldenburg erfolgte um 18 Uhr 54 statt um 18 Uhr 37 – beziehungsweise statt um 14 Uhr 37, wie ursprünglich geplant. Toll, halber Urlaubstag weg. Die Planung für diesen Tag war für die Tonne.

Die Rückfahrt war nicht weniger chaotisch. Am 16. Juli 2018 sollte um 17 Uhr 07 der EC 232 nach Hamburg abfahren, dann erfolgte die Durchsage, dass er circa dreißig Minuten Verspätung habe, also war der Anschluss in Hamburg weg. Kurz darauf hieß es: »Aus technischen Gründen fällt der Zug aus, es tut uns leid.«

Toll, Oldenburg in Holstein: Eingleisig, ohne Oberleitung, die Bürgersteige werden hochgeklappt. Zum Glück gab es im Bahnhofsgebäude ein Ameropa-Reisebüro, das noch offen war. Also buchten wir auf den Regionalexpress 21829 ab Lübeck und weiter mit dem ICE 887 nach Frankfurt um.

Wie kommt man von Oldenburg in Holstein so schnell nach Lübeck?

Eine uns wohlgesonnene Person hat uns unter Umgehung aller Verkehrsvorschriften nach Lübeck in rasendem Tempo gefahren.

Dieser Person gab ich fünfundzwanzig Euro für den Sprit; da dies privat war, gab es natürlich keine Quittung. Wir haben die Bahn trotzdem um Erstattung gebeten.

In Lübeck haben wir gerade noch den Regionalexpress 21829 erwischt und sind in Büchen mit circa zehn Minuten Verspätung wegen eines Gegenzugs und Anschlusszügen eingefahren. In Lüneburg dann Umstieg in den ICE 887. Ankunft in Frankfurt am Main um 23 Uhr 52, endlich!

Die Bahn hat uns nach dieser Adventurereise immerhin rund fünfzig Prozent des Reisepreises erstattet.

Michael Schubert

Es fehlten drei Waggons

Als Pendler auf der *berüchtigten* Strecke »Hamburg–Sylt« bin ich ja bereits einiges gewohnt, doch was mir am 29. Juli 2018 auf der Fahrt von Mülheim/Ruhr nach Flensburg passierte, grenzt an menschenverachtende Zustände, die einem von der Deutschen Bahn zugemutet wurden.

An einem Wochenende, an dem alle Bundesländer gleichzeitig Sommerferien haben, verkehrt der IC 2226, der im Internet als »Direktverbindung zur Kieler Bucht« beworben wird, als Ersatzzug. Eine Improvisation, zusammengestellt aus Reisezugwagen, die in den Punkten Ausstattung und Komfort stark an die »Silberlinge« der Siebzigerjahre erinnern. Über die verschmutzten beziehungsweise zum Teil verschlossenen, weil defekten Toiletten will ich an dieser Stelle gar kein weiteres Wort verlieren.

Alle Reservierungen waren aufgehoben, und es fehlten drei Waggons, also circa zweihundertvierzig Sitzplätze gegenüber der sonstigen Kapazität.

Diesem Umstand war es geschuldet, dass Reisende beim Einsteigen schon in den Türen stehen bleiben mussten, da ein Betreten des Zuges bedingt durch die Überfüllung nicht mehr möglich war. Auf den Anzeigen an den Bahnsteigen in den Bahnhöfen waren lediglich die Hinweise auf Verspätungen zu lesen. Es fehlte jedoch jegliche Information darüber, dass der Zug bereits um ein Vielfaches überfüllt war und von einem weiteren Zustieg besser abzusehen sei. Auch die gut gemeinte Empfehlung der Zugbegleiterin, sich eine andere Verbindung zu suchen, war wenig zielführend, denn auch die nachfolgenden Verbindungen waren vollständig überlastet.

Die Reisenden, die in den Gängen auf dem Boden kauerten, werden sich dem Bahn-Werbeslogan »Mit unseren Fernverkehrszügen reisen Sie entspannt und stressfrei in den hohen Norden, zur Kieler Bucht« wohl nur schwerlich anschließen können.

Gibt es bei der Deutschen Bahn eine Dienststelle, die die Verantwortung übernimmt, sollte es bei über dreißig Grad Außentemperatur in den komplett überfüllten, völlig veralteten und nicht klimatisierten Wagen zu einem medizinischen Zwischenfall oder Unfall kommen? Bei den Reisenden machte sich zudem eine gewisse Unruhe breit, denn jedes Mal, wenn der Zug abbremste, roch es stark nach verbranntem Gummi.

In Bremen endete die Fahrt dann endgültig, bedingt durch technische Probleme am Triebwagen des Zuges. Hier hatten wir bereits eine Verspätung von mehr als dreißig Minuten.

Auf Anraten der Zugbegleiterin habe ich meine Fahrt um 15 Uhr 59 mit dem in Bremen abfahrbereiten »Metronom«

fortgesetzt. (Anm. der Herausgeberin: eine private Bahngesellschaft, deren Züge Reisende in Niedersachsen und Hamburg sowie Bremen befördern.) Dieser Zug erreichte den Hamburger Hauptbahnhof um 17 Uhr 23. Meine Reise habe ich um 17 Uhr 45 mit dem RE 7 fortgesetzt und habe Flensburg mit einer kompletten Stunde Verspätung um 19 Uhr 42 erreicht.

Gleichsam ironisch erscheint einem dann eine E-Mail, die ich am 27. Juli 2018 um 4 Uhr 02 erhielt, mit welcher mir die Deutsche Bahn als exklusives Angebot für 9,90 Euro genau für diese Verbindung ein Upgrade in die erste Klasse unterbreitete. Als ich gegen 6 Uhr 45 von diesem Angebot Gebrauch machen wollte, war dieses offensichtlich stark limitierte Kontingent bereits erschöpft.

Einen Brief mit genau diesem Inhalt habe ich am 31. Juli 2018 übrigens an das Service-Center Fahrgastrechte bei der Deutschen Bahn geschickt. Eine Resonanz ist bisher nicht erfolgt. Erfahrungsgemäß – denn das ist nicht der erste Zwischenfall, den ich auf dieser Strecke erlebe – bekomme ich ein standardisiertes Schreiben mit einer lauen Entschuldigung und eine Entschädigung gemäß den Beförderungsbedingungen.

Barbara Rauschkolb

Rentner mit Mandarinen

»Buch erste Klasse«, dachte ich mir. »Da biste auf der sicheren Seite. Sitzplatzreservierung ist mit drin. Nicht so viel Lärm. Mehr Platz. Einfach mal angenehm reisen. Heute mal ohne Herzinfarkt und Aggressionstremor. Ist ja Adventszeit, also ein bisschen Besinnlichkeit walten lassen.« Und die Bahn so: »Nee, Mädchen. Den Zug schicken wir heute einfach mal ohne erste Klasse auf die Reise.«

Ich meine: Wer braucht die schon? Nur die adipöse junge Frau mit dem Riesenkoffer und fünf verfickten Wandkalendern in einer Riesentüte, die sich in ihrem verschissen warmen Wintermantel jetzt einen halben Kilometer durch euren Vorkriegszug quetschen musste, nur um in einem vollkommen überfüllten Wagen am Arsch der Welt zwischen schreienden Babys und Mandarinen essenden Rentnern zu landen (und seien wir ehrlich – der letzte Punkt ist der schlimmste) und dort für die nächsten Stunden auszuharren.

Aber hey, was reg ich mich auf? Immerhin habe ich Anspruch auf Entschädigung, sagt der Schaffner. »Cool«, denke ich. Bis ich auf der Bahnseite sehe, dass die »tarifliche Entschädigung« sich auf vier Euro fünfzig beläuft. Wow. Danke. Wirklich danke.

Uli Schult

Stehend in der ersten Klasse

Ich bin langjähriger Inhaber einer BahnCard erster Klasse und möchte meine Erlebnisse mit der Deutschen Bahn am 6. und 7. August 2018 schildern. Die Verspätung bei der ersten Reise betrug insgesamt circa zwei Stunden, auf der Rückfahrt rund drei Stunden.

Der Zug verließ den Hauptbahnhof Frankfurt am Main bereits verspätet wegen eines technischen Problems, hielt zunächst am Frankfurter Südbahnhof, um die Fahrtrichtung (also die Zugmaschine) zu wechseln, und hatte nach einer halben Stunde die circa zehn Kilometer bis zum Bahnhof Frankfurt-Flughafen zurückgelegt.

Dort standen wir rund neunzig Minuten, unterhalten durch abwechslungsreiche Ansagen des Zugführers zum Zustand wahlweise des vorangehenden (abgekoppelten) oder des eigenen Zuges, bis schließlich mitgeteilt wurde, es gehe aufgrund des (bereits am Hauptbahnhof bekannten) technischen Problems gar nicht weiter.

Ein Umsteigen auf mein am Bahnhof geparktes Auto war dort natürlich nicht mehr möglich – anders wäre es gewesen, wenn man in diesem Falle wegen des bekannten »technischen Defekts« den Hauptbahnhof Frankfurt gar nicht erst verlassen hätte.

Zufällig wartete auf dem Gleis gegenüber ein (ebenfalls schon seit über dreißig Minuten verspäteter) ICE, mit dem ich stehend in der ersten Klasse mit circa zwei Stunden Verspätung die Reise nach Düsseldorf fortsetzte und glücklich beendete. Dass im Ursprungszug das WLAN nicht funktioniert hatte, war damit obsolet.

Demgegenüber fiel der für die Rückfahrt gebuchte ICE 729 am 7. August gleich ganz aus – zugestanden wegen eines Brandes auf der Strecke. Im Anschlusszug um 18 Uhr 48 funktionierten weder die Wagen- oder Platzanzeigen noch die Klimaanlage und natürlich auch das WLAN nicht. Auch die Innenbeleuchtung des Waggons funktionierte nur an einzelnen Stellen. Selbst das Lesen eines Buches war daher, nach Abschalten des Laptops, nur unter erschwerten Umständen möglich. Die wegen der Umleitung ohnehin bereits um neunzig Minuten verlängerte Reisezeit wurde weiter ausgedehnt durch einen außerplanmäßigen Halt – nach Köln – in Bonn, weil offenbar die Anzeigetafel in Köln die dort einsteigenden Reisenden entsprechend informiert hatte. Mit circa drei Stunden Verspätung kamen wir am Ziel an.

Ulrich Gartner

Keine Katastrophen, sondern Alltag

Erst gestern machte ich eine Fahrt nach Stuttgart. Buchung mit Zugbindung. Die Verbindung wurde schon tags zuvor abgesagt. Also Ersatzverbindung rausgesucht. Die war schon im Eimer, weil der erste Zug mit fünfzehn Minuten Verspätung losfuhr und der Anschluss nicht klappte. Deswegen unterwegs noch eine andere Verbindung rausgesucht, die dann endlich funktionierte.

Heute dann die Rückfahrt. Der IC in Münster verspätet, der Anschluss weg, eine Stunde Warterei auf die nächste Gelegenheit, dort wegzukommen. Aber das sind keine Katastrophen, das ist Alltag für Bahnkunden.

Merke:
Sei nie auf die Pünktlichkeit eines Zuges angewiesen!
Habe immer dein Smartphone dabei zur Verbindungsrecherche!
Nimm NIEMALS den letzten Zug!

Danny Hibbeler

7

Zug fällt aus: Verspätung für Fortgeschrittene

Ein Musiker, der in Frankfurt am Main lebt, aber international mit einem größeren Team auftritt, erzählte unlängst in einem Gespräch vor einem Interview, dass er das Zugfahren schon vor Jahren aufgegeben habe. Früher habe er das noch gemacht, auch mit der Band, mittlerweile aber sei ein Tourbus für längere Strecken unerlässlich: zu viele Verspätungen und Zugausfälle! Sobald man einen Auftritt habe, der nicht in einer Großstadt stattfinde, brauche man mit der Bahn einfach viel zu lange, um dorthin zu gelangen, begründete er die Entscheidung.

Gründe für Verspätungen und Zugausfälle gibt es viele.

Nimmt man Personenschäden und Unwetter einmal aus – für beide Ursachen können das Unternehmen oder die Zugführer nichts –, so sind die häufigsten Gründe für Ausfälle zum einen der Personalmangel; laut Detlef Neuß, dem Bundesvorsitzenden des Fahrgastverbands Pro Bahn, fehlen 2.400 Lokführer bei der Bahn. Hinzu kommen enorme Überstunden. Wenn dann jemand krank wird, kann es auch passieren, dass der Zug ausfällt. Zum anderen liegen Ausfälle an defekten Fahrzeugen und dem Verschleiß des Schienensystems.

Als Hartmut Mehdorn Anfang der 2000er-Jahre die Bahn an die Börse bringen sollte, verschwanden Tausende Kilometer Schienen. Das Magazin *Stern* beschrieb den Grund dafür Anfang Dezember 2018 in seiner Titelgeschichte so: »Die Logik dahinter war simpel: Was es nicht mehr gibt, das muss auch nicht mehr gewartet werden. Weniger Streckenkilometer ergeben bei gleicher Verkehrsmenge eine Steigerung des Umsatzes je Kilometer.« Das Resultat: Züge konnten gerade auf Strecken mit kleineren Bahnhöfen nicht mehr überholen, wenn die Durchfahrt etwa durch einen langsameren Regionalzug blockiert war. Die Weichen und Schienen für ein solches Überholmanöver fehlten schlichtweg.

Der Börsengang wurde im Wirtschaftskrisenjahr 2008 abgesagt. Mehdorn ist mittlerweile über siebzig Jahre alt. Im Interview mit der *FAZ* verteidigte er 2019 seine Strategie: »Wir haben an den Stellen gespart, an denen gespart werden musste und konnte, um eine wirtschaftliche Bahn zu schaffen.« Ein Bahnchef solle lieber Distanz zur Politik wahren. Und die verdoppelten Fahrgastzahlen, die im Koalitionsvertrag der Bundesregierung festgelegt sind und die bis 2030 erreicht werden sollen? »Das regelt der Markt.«

Ein Positionspapier der Eisenbahn- und Verkehrsgewerkschaft aus dem März 2019 kritisiert die Überalterung der Schieneninfrastruktur aufgrund fehlender Ersatz- und Modernisierungsinvestitionen. Investitionen in Höhe von rund 50 Milliarden Euro im Netz und rund sieben Milliarden Euro bei den Bahnhöfen seien notwendig, zitierte die *FAZ* aus dem Papier. Betroffen seien »alle Gewerke, von der Fahrbahn über Brücken, Tunnel, Durchlässe und Dämme bis hin zur Leit- und Sicherungstechnik einschließlich der Bahnübergänge. Die Überalterung führe zu ständig steigenden Kosten für die laufende Instandhaltung, heißt es: Statt weniger als eine Milliarde Euro zu Beginn der Bahnreform betragen sie heute etwa zwei Milliarden Euro im Jahr.«

Bis die Bahn das aufgeholt hat, sind die Bahnreisenden auf das marode und zersparte System angewiesen. Welche kuriosen Gründe für Zugausfälle und Verspätungen sie erlebten, beschreiben sie hier.

Metalldiebe hatten die Oberleitungen geklaut

Meine Geschichte begann damit, dass ich mit dem Zug nach Frankfurt am Main fahren wollte. In Thüringen ging allerdings schon nichts mehr weiter:

Metalldiebe hatten einen Teil der Oberleitungen geklaut.

Ein Reparaturteam sei unterwegs, aber es dauere wohl so fünfundvierzig Minuten, hieß es.

Ich saß entspannt im Zug und las, bis man uns schließlich sagte, wir sollten aussteigen und in den Zug am Bahnsteig gegenüber einsteigen. Es war der ICE nach Frankfurt, der von Leipzig aus eine Stunde später losgefahren war. Dort sagte man uns wieder, dass es noch etwa fünfundvierzig Minuten dauern würde, bis sich etwas bewegt. Auch das war natürlich Quatsch.

Am Ende saßen wir etwa dreieinhalb Stunden in Weimar fest. Der Zug fuhr schließlich los, allerdings nur bis Fulda. Dort sollten wir alle aussteigen. Eine Begründung wurde uns nicht genannt. Am Bahnsteig mutmaßte ein älterer Herr, dass es wohl arbeitsschutzrechtliche Gründe hatte, das Zugpersonal war schon seit sechs Uhr auf den Beinen. In Fulda mussten wir trotzdem eine weitere Stunde auf den nächsten Zug warten, sodass ich insgesamt mit gut viereinhalb Stunden Verspätung in Frankfurt ankam.

Kais Harrabi

Die Antriebswelle ist kaputt

Meine Katastrophenbahnfahrt fand am 25. Oktober 2015 statt. Ich war in Trier zu Besuch bei meinen Eltern und wollte zurück nach Magdeburg, wo ich zu der Zeit studierte. Mein Zug fuhr um 11 Uhr 35 in Trier los, Umstieg in Köln um 14 Uhr 39, die Ankunft sollte um 19 Uhr 55 sein.

Schon morgens liefen im Radio Durchsagen, dass es aufgrund einer Hooligan-Demonstration in Köln zu Verzögerungen kommen könne. Ich blieb erst mal ganz entspannt, ich hatte keine Wahl und keine Ahnung, dass das mein kleinstes Problem bleiben würde. Irgendwann während der Fahrt kam die erste Nachricht: »Menschen auf den Gleisen.«

Irgendwo mitten in der Eifel auf einem eingleisigen Streckenabschnitt kam mein Zug zum Stehen. Zunächst standen wir fünfzehn Minuten, dann kam die Durchsage: »Die Antriebswelle ist kaputt, wir versuchen, sie zu reparieren, bitte haben Sie Geduld.« Mir schwante Übles. Weitere fünfundvierzig Minuten später kam die Durchsage, das nichts zu machen sei und ein Abschleppwagen gerufen werde. Eine weitere Stunde warteten wir, bis dann der Abschleppwagen kam. Es wurde angekoppelt, ruckte einmal. Dann passierte eine halbe Stunde wieder nichts. Schließlich fuhren wir in den nächsten Bahnhof. Vor und im Bahnhof sowie hinter uns stauten sich bereits die Folgezüge.

Wir stiegen dann alle in einen anderen Zug um und fuhren »gestapelt« weiter nach Köln. Inzwischen waren immerhin keine Leute mehr auf den Gleisen. Mein Anschluss war natürlich lange weg, und ich musste eine andere Verbindung mit weiterem Umstieg in Hannover nehmen.

So weit, so gut. Ich stieg also in den ICE Richtung Berlin ein und dachte:

»Schlimmer kann es ja nicht mehr werden.«

Der nächste Spaß kam in Hamm, wo wir fünfundvierzig Minuten auf den zweiten Zugteil warteten. Ich sah, dass sich die Hoffnung, meinen Anschluss in Hannover zu erwischen, in Luft auflöste. Und dann in Hannover konnte ich mich zum ersten Mal über eine Verspätung freuen, denn mein Anschluss nach Magdeburg stand mit ebenfalls fünfundvierzig Minuten Verspätung tatsächlich noch am Gleis. Angekommen bin ich am Ende dann um 23 Uhr 45.

Anna Richarz

Wir wollten zum Flughafen, dann fand man einen Fuß

Es war der 11. Dezember 2017, und Jannik Ivo und ich wollten eine Freundin in Schweden besuchen; dafür hatten wir einen Flug von Düsseldorf nach Stockholm gebucht. Wir kommen beide ursprünglich aus dem Sauerland, für unser Studium sind wir aber mittlerweile umgezogen. Jannik nach Marburg und ich nach Bochum. Am Tag unseres Fluges wollten wir uns in meiner Wohnung in Bochum treffen, da es von dort recht einfach ist, nach Düsseldorf zu gelangen, wir waren aber beide zuvor in der Heimat gewesen, um unsere Eltern zu besuchen.

Geplant war es, dass ich einen Zug um 10 Uhr aus der Heimat nehme und somit um ungefähr 12 Uhr in meiner Wohnung ankomme. Ich wollte noch einige Dinge vorbereiten und Sachen herauslegen, weil Jannik und ich uns einen Koffer teilen wollten. Jannik sollte dann um 14 Uhr bei mir ankommen, dann hätten wir eine gute Stunde Zeit gehabt, um uns anschließend auf den Weg nach Düsseldorf zu begeben. Nach Düsseldorf braucht man eine gute Stunde von Bochum aus, wir wären also um 16 Uhr am Flughafen gewesen, der Flug sollte um kurz nach 18 Uhr starten. Genug Zeit eigentlich.

Es kam jedoch alles anders als gedacht. Begonnen hat es damit, dass man an diesem Tag in Bochum einen Fuß auf den Schienen entdeckte – der restliche Körper jedoch fehlte.

Daher wurde der gesamte Hauptbahnhof gesperrt, und ich steckte in Witten, eine Station vor Bochum, fest. Da es zudem witterungsbedingt zu etlichen Ausfällen kam, fuhren auch keine U-Bahnen oder Busse – der gesamte Verkehr lag ab Witten still.

Natürlich macht sich in einem solchen Moment die Panik breit, und wir haben uns schon alle möglichen Lösungen überlegt, falls der Verkehr weiterhin gesperrt bleiben sollte. Zum Beispiel, dass ich zurück nach Hagen fahre, wir uns dann anschließend direkt in Düsseldorf treffen und ich nur mit meinen paar Sachen fliege, die ich aus dem Sauerland mitgenommen hatte, und den Rest in Schweden nachkaufe. Und ich ging meine gesamte Telefonliste durch, wer mal eben mit einem Auto vorbeikommen könnte, um uns abzuholen und nach Bochum zu bringen.

Ich stand beinahe zwei Stunden in Witten, bevor man endlich einen Ersatzzug schickte und die Strecke zumindest teilweise wieder öffnete. Jannik hatte zeitgleich allerdings auch damit zu kämpfen, nach Bochum zu kommen – er fuhr schließlich auf der gleichen Strecke. Wegen der Verzögerungen und des Wetters kam es natürlich auch weiterhin zu Verspätungen, und wir wussten nicht, wann wir beide in Bochum eintreffen würden.

Wir haben es dann allerdings tatsächlich rechtzeitig geschafft. Während ich um 14 Uhr 15 in meiner Wohnung ankam, war Jannik nur fünfzehn Minuten später da.

Wir packten schnell unseren Koffer und sind sofort weiter. Es ging zurück zum Hauptbahnhof Bochum. Da noch immer überall chaotische Zustände herrschten, haben wir schließlich die S1 genommen, da dies die einzige Bahn ohne Verspätung oder Ausfällen war – obwohl sie länger nach Düsseldorf benötigt als andere Bahnen.

Endlich in der Bahn angekommen, dachten wir, dass nun alles überstanden sei und es eigentlich nicht schlimmer kommen könnte: Einen einzelnen Fuß auf den Schienen findet man schließlich nicht alle Tage. Allerdings kam es kurz hinter Mülheim zu einem weiteren Polizeieinsatz – weshalb dieser stattfand, wissen wir bis heute nicht.

Doch unsere Bahn musste erst einmal anhalten und warten ... und warten ... und warten ... bis schließlich eine Durchsage kam, dass man nicht länger alle Stationen anfahren könne.

Jannik und ich sahen unsere Maschine schon ohne uns fliegen – mittlerweile war es nach 16 Uhr. Doch dann kam der erlösende Satz durch die Lautsprecher: »Die nächste Station, die angefahren wird, ist Düsseldorf Flughafen.«

Um ungefähr 16 Uhr 40 kamen wir dann endlich am Flughafen an und beeilten uns, um zu den Check-in-Schaltern zu gelangen. Wo wir direkt auf das nächste Problem trafen: Für ungefähr fünf Flüge waren gerade einmal fünf

Schalter geöffnet. Die Schlange war sehr lang und bewegte sich kaum. Der Check-in hatte ohnehin erst um 16 Uhr 15 begonnen, der Flug hätte um 18 Uhr 15 losgehen sollen. Um 17 Uhr 50, nach über einer Stunde Anstehen und Warten, konnten wir endlich einchecken.

Etliche Leute hatten ihre Flüge verpasst, man sah einen Haufen wütender und verzweifelter Menschen. Aber wir, wir hatten Glück – denn nicht nur alle unsere Bahnen hatten Verspätung, sondern unser Flug ebenfalls. Da die Strecke vereist war, konnte der Flieger nicht landen, und wir hatten ein wenig Zeit gewonnen. Jannik und ich beeilten uns nun also, durch die Sicherheitsschleusen zu gelangen. Aber ich wurde herausgewunken, da ich anscheinend irgendeine Flüssigkeit dabeihatte.

Ich konnte mich wirklich an absolut keine mögliche Flüssigkeit erinnern, hatte ich den Rucksack doch vorher genauestens kontrolliert, und so musste der Sicherheitsbeamte den kompletten Rucksack ausräumen. Egal, in welches Fach er schaute, auch er konnte keine Flüssigkeit entdecken. Bis er schließlich den allerletzten Reißverschluss öffnete. Ich hatte gar nicht mehr daran gedacht, dass dieses Fach am Rucksack überhaupt angebracht war, da ich es eigentlich nie verwende. Aber anscheinend habe ich dort einmal etwas deponiert, damit ich es im Notfall immer dabeihabe: Pfefferspray. Dieses Pfefferspray war aus den Neunzigerjahren, definitiv nicht mehr zulässig und auf gar keinen Fall in einem Flugzeug gestattet.

Ich hatte es damals beim Umzug von unserem Dachboden geklaut, da ich in der Nähe der Kneipenstraße in

Bochum wohne und einfach nur etwas zum Schutz wollte. Dass sich so etwas überhaupt noch in meinem Besitz befand, hatte ich zu diesem Zeitpunkt allerdings wieder vergessen. Da das Pfefferspray in dieser Form auch eigentlich nicht mehr wirklich legal war, musste ein Polizist herbeigeholt werden, der die Situation beurteilen sollte.

Ich habe einige Zeit mit ihm geredet, während Jannik nervös ein paar Meter entfernt wartete. Und dann sagte der Polizist etwas, für das ich ihm bis heute noch dankbar bin. Er hatte wohl bemerkt, dass es wirklich nicht von mir beabsichtigt war, Pfefferspray zu schmuggeln und (auch durch das Alter der Dose) mir geglaubt, dass ich es mir nicht irgendwo illegal besorgt hatte. Er schlug mir also vor, die Dose an sich zu nehmen und zu entsorgen – und den ganzen Vorfall zu vergessen.

Ich war frei, durch die Sicherheitskontrolle durch und endlich bereit, in unseren Flieger einzusteigen. Auf den wir trotz allem noch gute vierzig Minuten warten mussten. Als wir dann endlich mit einem Bus zum Flugzeug gefahren wurden und endlich, endlich im Flugzeug saßen, die Türen schon geschlossen und die Motoren gestartet waren, gab es allerdings ein weiteres kleines Problem. Man hatte einen Bus voller Passagiere vergessen. Also Motoren wieder aus, Türen wieder auf und warten, bis auch die letzten Passagiere Platz nehmen konnten. Wir waren jetzt zufrieden und endlich auf dem Weg nach Schweden. Dass dann noch eine äußerst angespannte Durchsage von einer der Stewardessen kam, konnte uns den Tag eigentlich eher versüßen.

Das Bodenpersonal hatte vergessen, frisches Wasser aufzufüllen, weshalb weder Tee noch Kaffee angeboten werden konnte. Und in Anbetracht der Tatsache, dass wir mittlerweile über eine Stunde Verspätung hatten, man vorher einen Bus mit Passagieren beinahe vergessen hätte und man nicht einmal heiße Getränke im Dezember anbieten könne, bekam jeder ein Lunchpaket geschenkt.

In Stockholm angekommen, war es mittlerweile so spät, dass die Flughafenbusse nicht mehr regelmäßig fuhren. Da wir auch nicht nach Stockholm, sondern nach Uppsala wollten, mussten wir einige Zeit auf unseren Bus warten. Statt um 22 Uhr bei unserer Freundin anzukommen, haben wir es dann um kurz nach Mitternacht geschafft (und dabei fuhren dort in Schweden alle Busse trotz Eis und Schnee, liebe Deutsche Bahn!). Um ehrlich zu sein, waren wir einfach nur froh, überhaupt angekommen zu sein. Dass wir es bis nach Schweden geschafft haben, war für uns wie ein kleines Wunder.

Michelle Dieren und Jannik Ivo

Falsch abgebogen

Einmal ist der Zug falsch abgebogen, und dann kam die Durchsage: »Sehr geehrte Damen und Herren, wie wir gerade festgestellt haben, fahren wir schon seit längerer Zeit in die falsche Richtung. Wir sind jetzt kurz vor Kassel und nicht in Fulda.« Da ist man also schon kurz nach Eisenach falsch gefahren.

Stefan Zahn

»Fällt leider aus!«

Es war am Mittwoch, dem 13. Mai 2015, einen Tag vor Christi Himmelfahrt. Zu der Zeit wohnte ich noch wegen meines Studiums in Greifswald. Am 15. Mai hatten wir keine Vorlesungen, weshalb es sich anbot, für ein langes Wochenende meine Eltern zu besuchen. Zwischen Greifswald und Elsterwerda gab es damals eine Direktverbindung mittels Regionalexpress.

Also an sich eine sichere Sache – kein Umsteigen und damit auch kein Risiko, irgendwelche Anschlusszüge zu verpassen.

Ich war pünktlich gegen halb vier am Bahnsteig und wartete auf meinen Zug, der von Stralsund kam. Das Wetter war auch angenehm, leicht bewölkt, aber dennoch warm. Dann kam die Durchsage, der Zug habe zwanzig Minuten Verspätung. Gut, kann ja mal passieren, dachte ich. Kurz vor Ende der Wartezeit kam die nächste Durchsage: vierzig Minuten Verspätung. In der Zwischenzeit hatte ich bereits meine Mutti über die Verspätung in Kenntnis gesetzt, weil sie mich vom Bahnhof in Elsterwerda hätte abholen sollen.

Die anderen Leute, die ebenfalls mit diesem Zug fahren wollten, wurden auch schon unruhig. Ich kam mit einigen von ihnen ins Gespräch. Später dann die Durchsage, dass der Zug leider ausfalle und dass auch sonst an diesem Tag kein Zug mehr nach Elsterwerda fahre – da war es nachmittags gegen halb fünf! Es gab ja auch niemanden auf dem Bahnsteig, der uns Reisende mit Informationen versorgte.

Ich war sehr verärgert, weil ich so erst am nächsten Tag nach Hause fahren konnte (übrigens nicht mit der Bahn!). Wenigstens hat mir die Bahn die Kosten für mein Ticket erstattet. Woran es denn nun lag, dass auf der Strecke keine Züge mehr fuhren, habe ich nie erfahren.

Katrin Berger

Dreist

Mit ihren Durchsagen tut die Bahn sich meistens keinen Gefallen. Zum einen verheißen sie selten Gutes, zum Beispiel, wenn der- oder diejenige am Mikrofon verkündet, der Zug fahre in zwei Minuten doch von Gleis 6 statt von Gleis 9, und alle Fahrgäste im Laufschritt durch den Bahnhof hasten … wenn sie die Durchsage denn überhaupt verstanden haben.

Zum anderen ist da natürlich noch das legendär schlechte Sänk-you-for-trawelling-Englisch. Wirklich traurig über die Anzeige »Keine Ansagen in diesem Zug möglich« war ich deshalb zunächst nicht auf einer Fahrt von München zum Frankfurter Hauptbahnhof. Die Stille war sogar ganz schön, und als Vielfahrerin kann ich auf die halbstündigen »In Kürze erreichen wir«-Ansagen ganz gut verzichten.

Das Ganze ging aber nur so lange gut, bis wir Hanau erreichten, einen Halt wenige Kilometer vom Frankfurter Hauptbahnhof entfernt. Dort standen wir länger als üblich. Nun gut, wenn keine Durchsage geht, dann wartet man eben. Es vergingen erst zehn Minuten, dann zwanzig.

In der Zwischenzeit fuhren ein paar Gleise weiter zwei S-Bahnen Richtung Frankfurt ein und wieder ab. Noch mal zehn Minuten. Vom Zugführer keine Spur. Allmähliche Ungeduld. Sollte man doch aussteigen? Ich suchte meine Sachen zusammen. Plötzlich eine Mail vom Verspätungsmelder: Angeblich erreichten wir in fünf Minuten den mehr als zehn Minuten entfernten Frankfurter Hauptbahnhof.

Also doch sitzen bleiben, muss ja gleich weitergehen. Mittlerweile standen wir knapp vierzig Minuten in Hanau. Dann plötzlich ein Knacken im Lautsprecher: Wer nach Frankfurt wolle, möge den Zug verlassen, das Gleis sei vorübergehend gesperrt, lässt der Zugführer wissen. Ich weiß nicht, was mich mehr aufregte: dass ich mit der S-Bahn schon längst in Frankfurt gewesen wäre oder die dreiste Lüge über die defekte Ansage.

Julia Anton

8

In vollen Zügen

Wenn es ein Wortspiel gibt, das Bahnreisende bei der Recherche dieses Buches am häufigsten angebracht haben, dann war es: »Genießen Sie das Reisen in vollen Zügen.« Meist folgte dem dann ein Emoji mit rollenden Augen oder einem bösen Grinsen – irgendetwas, dass die Unzufriedenheit unterstrich.

In anderen Ländern ist es kein allzu großes Problem, die Passagiere schon beim Buchungsvorgang so zu verteilen, dass sie während ihrer Reise auch einen Sitzplatz haben.

Wer schon einmal in Japan war, lobt besonders, wenn das Gespräch auf den Zugverkehr kommt, die Pünktlichkeit und Ordnung des japanischen Shinkansen, eines Schnellzugsystems, das in etwa dem deutschen ICE entspricht. Und tatsächlich: Während einer Recherchereise von Tokio über Kyoto nach Osaka und Kobe zeigte sich die Effizienz der japanischen Methode. Der Shinkansen hatte lediglich zwei Wagen, deren Plätze nicht reservierungspflichtig waren – falls jemand sehr spontan einen Zug nehmen musste, zumeist fanden sich hier die Touristen. Alle anderen Reisenden hatten vor Fahrtantritt zu ihrer Karte auch eine Reservierung gebucht. Bereits das Einsteigen war so geregelt, dass am Bahnsteig ein Bahnangestellter in Uniform nach Blick aufs Ticket den korrekten Abschnitt wies, in dem man auf den Zug und den Einstieg warten sollte. Es waren kleine Abschnitte, maximal zehn Personen standen beisammen. Der Zug kam auf die Minute pünktlich, hielt so passgenau im Abschnitt, dass man direkt an der Tür war und sofort einsteigen konnte und nicht einmal lange nach dem Sitzplatz suchen musste. Während rund einer Woche Japanreise mit fast täglich mehreren Zugfahrten haben wir nicht eine einzige Verspätung erlebt. Niemand drängelte, und kein Passagier musste im Gang sitzen, weil die Züge zu voll waren. Der Shinkansen hat durchschnittlich nur 0,9 Minuten Verspätung – im Jahr.

In China gilt für den Schnellzug ein ähnliches Reservierungssystem, kein Ticket wird ohne Sitzplatz ausgestellt. Dank moderner Buchungsportale kann man sich hier bei kurzfristiger Buchung online in eine Warteschlange eintragen; sollte der Zug bereits ausgebucht sein, bekommt man ein Ticket zugewiesen, wenn ein anderer Fahrgast seines zurückgibt oder die Reise nicht antritt.

Und nicht nur in Asien gibt es solche effizienten Reservierungssysteme, auch in Europa lassen sie sich finden. In Frankreich benötigen Reisende nicht nur für den Schnellzug TGV eine Reservierung, Gleiches gilt dort für IC- und Nachtzüge. Und in Italien sieht es ähnlich aus, auch dort sind Sitzplatzreservierungen auf IC- und Nachtzugstrecken obligatorisch.

Doch selbst eine Sitzplatzreservierung hilft im deutschen Streckennetz nicht immer. So passierte das Monika Herrmann, der Grünen-Bürgermeisterin für den Berliner Stadtteil Friedrichshain. Sie wollte Anfang November 2018 von Berlin mit dem Zug in Richtung München fahren. Doch schon in Berlin gingen die Probleme los, wie sie auf Twitter berichtete. Waggons, für die Platzreservierungen verkauft wurden, waren gar nicht erst angekoppelt, denn der zweite Zugteil fehlte. Das Bahnpersonal bat die Passagiere, freiwillig den überfüllten Zug zu verlassen: »Hab noch vergessen, wer freiwillig geht, bekommt einen 30-Euro-Reisegutschein. Wenn nicht genügend freiwillig aussteigen, kommt die Bundespolizei und räumt den Zug!«, schrieb Herrmann. Doch natürlich wollten alle Passagiere mit Sitzplatzreservierung an ihr Ziel und drängten sich in den kleineren bereitgestellten Zug. Am Ende kam die Bundespolizei und räumte die überfüllten Abteile.

Nicht immer so dramatisch, aber doch ähnlich erging es den Reisenden in diesem Kapitel. Manchmal fehlte der Platz, den man reserviert hatte, in der Nummerierung. Manchmal war gleich der ganze Wagen nicht angedockt. Und da sie trotzdem an ihr Ziel wollten, mussten sie die Fahrt in vollen Zügen in Kauf nehmen.

Sauna auf Rädern

Vor Jahren habe ich Videos aus Japan gesehen, wo die Schaffner ihre Fahrgäste während der Rush Hour in die Züge pressen. Damals dachte ich mir: »Zum Glück gibt es das bei uns nicht.« Zu dem Zeitpunkt wohnte ich aber noch nicht in Hamburg.

Zwar wird man hier nicht in die S-Bahn gepresst, aber ich habe häufig schon am Gleis gestanden und auf den nachfolgenden Zug warten müssen, weil die Züge dermaßen überfüllt waren, dass ich mich selbst mit Anlauf und Gewalt in keiner Art und Weise noch in den Waggon hätte zwängen können. Mittlerweile frage ich mich deshalb nur noch, warum die Hamburger S-Bahn nicht mit dem Slogan »Genießen Sie die Fahrt in vollen Zügen« wirbt. Doch selbst daran habe ich mich gewöhnen können.

Eine wahre Geduldsprobe war allerdings der Sommer 2018 – Sie wissen schon, diese gnadenlose Hitzewelle. Stellen Sie sich vor, die Außentemperaturen übersteigen ganz locker die Dreißig-Grad-Marke. Sie steigen aus der Bahn und denken: »Mensch, was ist das frisch hier draußen?« Wie das geht?

Die Bahn hat ganz einfach ihre Fossile auf die Schiene gestellt: ein einfacher Blechmantel mit Rädern, Klimaanlage Fehlanzeige.

Und jetzt kommt alles zusammen: Wir haben einen völlig überfüllten Zug, der sich schon allein wegen der vielen Menschen in eine Sauna verwandelt. Und diese Sauna lässt sich von außen auch noch schön von der Sonne durchbraten. Ich bin mir nicht sicher, ob wir die fünfzig Grad geknackt hatten, aber ich würde jede Wette eingehen, dass wir nicht weit davon entfernt waren. Der einzige Grund, warum keiner der Fahrgäste bei diesen Temperaturen in den Waggons Feuer gefangen hat, war vermutlich die tropische Luftfeuchtigkeit.

Leider konnte ich noch nicht einmal darauf hoffen, dass der Fahrtwind zumindest ein bisschen für Frischluft sorgt. Denn hier hat Murphys Gesetz eiskalt (leider nur im übertragenen Sinne) zugeschlagen. Die Bahn hat sich nämlich regelmäßig mehrere Päuschen mitten in der Sonne gegönnt, weil die vorherigen Züge allesamt noch die Strecke blockierten. Deswegen ging es über weite Teile dann nur im Schneckentempo vorwärts.

Seitdem hat die Bahn ja Besserung gelobt. Nur bin ich nicht wirklich davon überzeugt, dass diese Besserung in absehbarer Zeit eintritt. Ich würde es mir und allen anderen Fahrgästen jedoch unbedingt wünschen.

Jan Hüttemann

Mobilitätsgarantie

Seit Neuestem werde ich immer wieder mit dem Begriff »Mobilitätsgarantie« konfrontiert. Ja watt is datt deeeennn? dachte ich so für mich. Wieder so ein Quatsch von der Bahn, mit dem man versucht, aufgebrachte Fahrgäste zu besänftigen. Auf den ersten Blick eine tolle Erfindung, aber vielleicht verläuft sie im bürokratischen Sande? Ich musste dann aber nach einer kurzen Recherche feststellen: ist es gar nicht. Ist ganz gut. Aber auch nicht immer.

Ein Auszug aus der Mobilitätsgarantie NRW:
»Mit der Mobilitätsgarantie NRW erreichen Sie Ihre Ziele, selbst wenn sich Bus oder Bahn im Nahverkehr an der Abfahrtshaltestelle ab zwanzig Minuten verspäten. Nutzen Sie dann den Fernverkehr oder ein Taxi – und lassen Sie sich die Kosten dafür erstatten. Unsere Checkliste hilft Ihnen dabei!«

Das klingt doch erst einmal ziemlich nice! Der »Mobile first«-Gedanke gefällt mir. Zum Glück gibt es regelmäßig Gelegenheiten, um das Ganze mal auszuprobieren, man muss hier ausnahmsweise nicht mit langen Wartezeiten rechnen. Für die Inanspruchnahme muss man folgende Voraussetzungen erfüllen:

1. *Das gewünschte Nahverkehrsmittel fährt ab zwanzig Minuten später an der Abfahrtshaltestelle ab als im Fahrplan angegeben.*

2. *Sie sind im Besitz eines für diese Fahrt gültigen Nahverkehrstickets.*
3. *Die Verspätung tritt nicht während der Fahrt auf.*
4. *Die Verspätung oder der Zugausfall ist nicht durch Streik, Unwetter, Naturgewalten oder Bombendrohung bedingt.*

Da werde ich wirklich nicht lange warten müssen! Kalenderwoche 39, also Ende September des Jahres 2018, bot sich förmlich dafür an! Jeden Tag in dieser Woche kam es zu Zugausfällen und Verspätungen. Okay, zwei Tage davon, weil Abschiebungsgegner Hochspannungsleitungen durchtrennt hatten, aber, hey, das hat weder was mit »Streik, Unwetter, Naturgewalten oder Bombendrohung[en]« zu tun.

Mir ist da also wieder diese Mobilitätsgarantie in den Sinn gekommen, und ich war sehr darauf aus, mir eine Freifahrt im ICE zu gönnen. Das ist allerdings leichter gesagt als getan!

Schon mal jemand auf der Strecke Köln–Düsseldorf unterwegs gewesen? Da fährt ja fast nix. Okay, okay, ich steige nicht am Kölner Hauptbahnhof ein oder aus, sondern am Bahnhof Köln Messe/Deutz. Da hält nicht jeder ICE, der auch am Hauptbahnhof hält. Nichtsdestoweniger hilft mir das alles nichts.

Folgendes Szenario geschah: Ich komme wie jeden Morgen um 7 Uhr 25 am Bahnhof Köln Messe/Deutz an und warte auf den Zug, der um 7 Uhr 38 nach Düsseldorf abfahren soll. Auch wenn ich vorab mehrfach immer alle Apps checke, die mir für eine Fahrplanauskunft zur Verfügung stehen, heißt das nicht, dass dieser Zug abfährt. Das sehe ich dann um 7 Uhr 30, wenn ich am Gleis angelangt bin. Ich habe nun folgende Möglichkeiten, die ich sonst auch immer wahrgenommen habe: Ich steige in den Zug, der um 7 Uhr 34 auf dem Gleis gegenüber abfährt. »Warum macht sie das nicht einfach, ohne zu meckern?«, mag sich jetzt der ein oder andere fragen. Ganz einfach: Weil ich nicht darauf stehe, wie eine Ölsardine dreißig Minuten lang in einem Zug eingequetscht zu sein, der auch öfter mal weitere dreißig Minuten irgendwo in der Gegend herumsteht, weil irgendwo wieder irgendetwas nicht funktioniert.

Aber gut, in der Not frisst der Teufel auch Fliegen.

Jetzt habe ich allerdings die ganze Zeit diese Mobilitätsgarantie im Ohr und denke: »Ja, Mann. Ich fahre jetzt ICE! Ich zahle monatlich einen dreistelligen Betrag dafür, dass ich mich immer verbiegen muss, um zur Arbeit oder nach Hause zu kommen. Die sollen mir jetzt gefälligst mal was dafür zurückgeben!« Der Aktionismus packt mich, und vor Vorfreude auf diese angenehme Fahrt kann ich kaum noch mein Handy richtig bedienen. Freude und Schrecken liegen ja aber bekanntlich nah beieinander, und so wird aus meinem vorfreudigen Zittern schnell ein erschrockenes – der nächste ICE fährt erst in fünfzig Minuten. Ich fahr dann mal S-Bahn …

Louise Fiedel

Waren wir im gleichen Zug?

Freitagabend, ich will von Leipzig nach Berlin und komme beim Bahnhof an: Mein ICE soll rund zehn Minuten Verspätung haben. Der Zug, der eine Stunde zuvor fahren sollte, ist mit sechzig Minuten Verspätung angezeigt und nun zu dem Zeitpunkt abfahrbereit wie meine geplante Verbindung. Also pfeife ich auf meine Platzreservierung, steige da ein, finde sogar noch einen freien Platz, und alles ist fein.

Tags darauf lese ich bei Facebook die Geschichte einer Kollegin. Sie wollte von Leipzig nach Berlin. Der vorausfahrende Zug hatte sechzig Minuten Verspätung, ihr eigentlicher Zug war zehn Minuten zu spät. Sie steigt in den Sechzig-Minuten-Verspätungszug ein, aber der ist vollkommen überladen. Kein freier Platz nirgends.

Ich wundere mich also und frage: Mit dem Zug bin ich doch auch gefahren, da war vorne noch alles frei. Sie fragt zurück, ob ich denn auch 14 Uhr 10 eingestiegen sei? Nein, mein Zug war 18 Uhr 10 abgefahren.

Ein und dieselbe Situation hatte sich bei der Bahn am gleichen Tag wohl innerhalb von vier Stunden wiederholt, wobei ich offenbar die bessere von beiden Varianten erwischt hatte.

Clemens Haug

9

Abenteuer DB-App

Als ein Bahnmitarbeiter unlängst von einer Reisenden nach einer Umsteigemöglichkeit gefragt wurde – der Zug, in dem sie saß, hatte Verspätung, die Dame wollte wissen, wie sie ihren Anschluss noch erwischen könnte –, holte der junge Mann sein Smartphone hervor und suchte dort nach der Verbindung. Er entschuldigte sich, gerade neu eingestellt zu sein und noch nicht alle Technik bekommen zu haben.

Die App, so versicherte er, sei aber ganz zuverlässig.

Was bisher weniger zuverlässig klappt, ist das automatische Einchecken per App. Zumeist will der Bahnmitarbeiter dann doch das Ticket sehen oder fragt ganz verwundert, ob man auch wirklich der Reisende sei, der für den Platz im System gemeldet sei.

Nach Angaben der Bahn nutzten Reisende im Jahr 2017 die App auf ihren Smartphones 957 Millionen Mal allein für die Auskunft nach Zugverbindungen. Das klingt zwar gut geplant, doch zeigt sich in den folgenden Geschichten, dass die App Reisende manchmal mehr verwirrt, als dass sie hilft – wenn zum Beispiel Anzeigetafeln im Bahnhof und am Gleis etwas anderes ankündigen als die App. Und wenn die Mitarbeiter im Infozentrum wieder eine andere Information bereithalten – wer hat dann recht? Und was passiert, wenn Züge einfach durchfahren, wie es im Jahr 2018 immer wieder geschah. Nach Angaben der Bahn lag der Anteil ausgefallener Fernzughalte von ICEs zwischen 1,6 und fünf Prozent und bei IC-Zügen zwischen einem und 3,9 Prozent. Das heißt, 2018 warteten zwischen zwei und sieben Prozent der Reisenden vergeblich auf den Fernzug, den sie nehmen wollten – auch wenn der in der App als Verbindung angegeben war. Davon und von einigen kuriosen Programmierfehlern des DB-Navigators berichten Reisende in diesem Kapitel.

Kein Halt in Berlin-Spandau

Ich fahre sehr viel mit der Deutschen Bahn durch Deutschland und zu neunzig Prozent nur mit dem ICE. Ich bin so einiges gewohnt. Verspätungen und Züge, die nicht auf die Anschlussreisenden warten, sind ja leider mittlerweile schon fast Normalität. Was ich heute jedoch erlebt habe, übertrifft alles des bisher Erlebten:

Am 3. Dezember 2018 fuhr ich um 9 Uhr 38 mit dem ICE von Hamburg nach Berlin Hauptbahnhof. Fünfzehn Minuten Verspätung. So weit noch im gewohnten Rahmen. Der Zug hielt auch in Berlin-Spandau und kam danach am Berliner Hauptbahnhof an. So weit alles okay.

Ich hatte zwei Termine in Berlin wahrgenommen, der letzte der beiden Termine war in Berlin-Spandau. Somit war meine Überlegung natürlich, von Berlin-Spandau den ICE nach Hamburg zurück zu nehmen. Ich kam dann gegen 15 Uhr 20 am Bahnhof Spandau an. Zwischenzeitlich hatte ich über die Bahn-App nachgeschaut, wann der Zug von dort abfährt. Auf meine Eingabe der Fahrstrecke »Berlin-Spandau nach Hamburg« kam nur eine Verbindung, die mich über den Berliner Hauptbahnhof geschickt hätte. Also habe ich mir gedacht: Um diese Uhrzeit hält der ICE nicht in Spandau. Als ich jedoch den Bahnhof Spandau betreten habe, habe ich an den Abfahrtstafeln gesehen: 15 Uhr 52 Gleis 3 ICE 599 nach Hamburg-Altona.

Da ich diesen Zug in der DB-App nicht ab Spandau gefunden hatte, habe ich beim Service-Point der Deutschen Bahn im Bahnhof Spandau nachgefragt. Die Auskunft war: Der Zug fährt ab hier. Als ich dann auf dem Bahnsteig stand, war dieser Zug auch in den Anzeigetafeln für 15 Uhr 52 aufgeführt. Also wartete ich dort, mit noch zahlreichen anderen Fahrgästen, auf diesen Zug.

Um 15 Uhr 44 tauchte dann plötzlich auf der Anzeige auf Gleis 3 ein ICE nach Frankfurt am Main für 15 Uhr 47 auf, und zeitgleich kam auch die Durchsage, die diesen Zug ankündigte. Vorher war von diesem Zug jedoch nichts auf einer der Anzeigen zu sehen gewesen.

Der ICE 599 nach Hamburg rückte auf der Anzeige unter den Punkt Folgezüge. Da diese kurzen Zeiten zwischen zwei ICEs nicht Ungewöhnliches sind und da, nachdem der ICE nach Frankfurt am Main abgefahren war, auch wieder der ICE 599 nach Hamburg-Altona in der Anzeige als nächster Zug auftauchte, war bis dahin auch noch alles in Ordnung. Gegen 15 Uhr 50 kam dann die Durchsage auf dem Bahnsteig, dass nun der ICE nach Hamburg-Altona einfahre und die Wagen der ersten Klasse in den Abschnitten so und so zu finden seien. Auch das war noch alles im normalen Bereich. Dann kam der Zug auch. Aber in einer Geschwindigkeit, bei der man sich fragen musste, wie der zum Halten kommen sollte.

Richtig, der Zug hielt nicht!

Er fuhr einfach durch den Bahnhof Spandau durch.

Auf der Anzeigetafel Verwirrung. Dort stand immer noch der ICE nach Hamburg-Altona für 15 Uhr 52. Durchsagen? Fehlanzeige! Um 15 Uhr 54 oder 15 Uhr 55 gab es dann eine Durchsage, dass nun ein Zug durchfahre. Danach sprang die Anzeige um und zeigte den nächsten ICE nach Düsseldorf an.

Da war mir klar, dass da kein Zug mehr nach Hamburg kam. Ich bin mit einigen ebenso verdutzten Fahrgästen wieder runter zum Service-Point der Deutschen Bahn, und wir fragten, warum der Zug angezeigt und angesagt wurde und man vorher auch noch die Auskunft bekommen habe, dass der Zug fahre, er dann aber ohne Halt durchfährt. Die beiden verdutzten Bahnmitarbeiterinnen sagten irgendwas von Baustelle und dass er ja gar nicht angezeigt worden sein kann. Doch auf der Abfahrtsanzeige neben dem Info-Point stand der Zug sogar noch. Und als wir darauf verwiesen … Schweigen.

Ich bin dann mit den anderen Fahrgästen mit der S-Bahn zum Hauptbahnhof gefahren, und wenn der ICE, der um 16 Uhr 39 dort von Gleis 7 abfahren sollte, nicht fünf Minuten Verspätung gehabt hätte, dann hätten wir diesen Zug auch nicht mehr bekommen.

Zwei Wochen zuvor ist dies schon einmal passiert und ging durch die Medien. Da hatte eine Politikerin der Grünen darüber getwittert, weil ihre Kinder eigentlich in Spandau zusteigen sollten. So etwas kann mal passieren, aber lernt man denn bei der Deutschen Bahn nicht aus Fehlern? Wie kann es sein, dass ein Zug an einem Bahnhof einer großen Stadt auf allen elektronischen Anzeigen angezeigt wird, man die Auskunft am Service-Point bekommt, dass dieser Zug fährt, und sich am Ende dies alles dann als falsch herausstellt? Wie kann es sein, dass im Jahr 2018 eine App etwas anderes sagt als die Anzeigen am Bahnsteig und die Auskunft des Service-Points? Das heißt, es gibt zum einen die App, dann die Anzeigetafeln, die Ansagen und den Service-Point, und alle diese Dinge scheinen über völlig unterschiedliche Systeme zu laufen – und das eine System weiß nicht, was das andere macht.

Tobias Schnell

Finnland gibt es nicht

Ich lebe mittlerweile in Finnland. Als ich vor Kurzem mit meinem Sohn Deutschland besuchte, wollten wir einige Bahnfahrten unternehmen. Da ich annahm, dass die Buchungen damit schneller und übersichtlicher sind, wollte ich dafür die Bahn-App benutzen.

Nun muss man in der App zunächst einmal das Land angeben, in dem man lebt.

Üblicherweise scrolle ich durch diese endlose Länderliste, bis irgendwo zwischen Fidschi-Inseln und Frankreich Finnland auftaucht.

Nicht so bei der Bahn. Es gab Finnland einfach nicht. Da ich dachte, so wichtig kann es nicht sein, nahm ich irgendein anderes skandinavisches Land, wahrscheinlich Schweden, und setzte die Registrierung fort. Dann kam die Frage nach dem Zahlungsmittel, und hier gingen die Schwierigkeiten weiter. Nun wollte die App meine finnische Kreditkarte nicht akzeptieren, wahrscheinlich weil ich ja angegeben hatte, in Schweden zu wohnen.

Nach etlichen Anpassungen und Änderungsversuchen

habe ich dann eine Lösung dafür gefunden. Das Erste, was bei mir eintraf, als die App endlich funktionierte und ich die erste Fahrt gebucht hatte, waren die Verspätungsmeldungen der Deutschen Bahn.

Michael Staudt

Die App hat's ja angezeigt

Es war ein ganz gewöhnlicher Freitagabend am Kölner Hauptbahnhof – zumindest für eine, die zwischen Frankfurt am Main und Köln pendelt. Ich war zum Essen verabredet und musste zum Südbahnhof, kurz vor acht. Und siehe da, die App zeigte mir an, dass in zwei Minuten eine Regionalbahn auf einem anderen Gleis fahren würde. Sportlich zwar, aber ich sprintete los.

Aufgrund der Pendelei sprintete ich ja in letzter Zeit recht häufig diverse deutsche Bahnhöfe entlang. Als ich zum Gleis hochhechtete, stand die Bahn noch dort, ich sprang zur Tür, drückte hektisch den noch gelb leuchtenden Knopf und: Die Tür ging auf. Schwer atmend blieb ich im Flur stehen, ich würde ja sowieso gleich wieder aussteigen.

Langsam fuhr die Bahn an, langsam schaute ich auf die Anzeige, langsam dämmerte es mir: Wir fuhren in die falsche Richtung.

Macht nichts, dann würde ich eben in Köln Deutz/Messe wieder aus- beziehungsweise umsteigen. Zehn Minuten später dann die bittere Gewissheit: nächster Halt Dormagen.

Um 20 Uhr 30 allein am Dormagener Bahnhof mit knurrendem Magen; die Bäckerei machte gerade zu, als ich hungrig ankam. Die Mitarbeiterinnen standen noch draußen davor, mit der Feierabendzigarette im Mund; sie warfen mitleidige Blicke in meine Richtung, inzwischen regnete es Bindfäden. Fünfzehn Minuten später ging es dann zurück zum Kölner Hauptbahnhof. Tatsächlich ergatterte ich genau eine Stunde später in Köln den Zug zum Südbahnhof, den ich ursprünglich hatte nehmen wollen. Vom selben Gleis. Die App hat's ja angezeigt.

Johanna Dürrholz

Was zuverlässig eintrifft, sind die Mails vom Verspätungsalarm

Man sollte es nicht glauben, aber es gibt tatsächlich etwas, das bei der Deutschen Bahn reibungslos funktioniert und das zuverlässig alle paar Minuten eintrifft: Es sind die E-Mails vom Absender *verspaetungsalarm@bahn.de*. Die bekommt man schon, bevor man den Hauptbahnhof überhaupt erreicht hat.

Samstagmorgen, 4. August 2018, Tatort Frankfurt Hauptbahnhof: Der ICE 772 soll um 8 Uhr 58 nach Hamburg starten. Das macht er dann auch, allerdings da schon nicht planmäßig, sondern mit siebzehn Minuten Verspätung, die sogar schon um 7 Uhr 58 per E-Mail avisiert wurden. Der Kauf eines Taschenbuchs verkürzt die Wartezeit auf dem Bahnsteig.

Bei Ankunft in Hamburg hat sich die Verspätung auf circa fünfunddreißig Minuten ausgedehnt. Auch darüber wird noch einmal schriftlich per Mail informiert, selbst wenn dies per Lautsprecher von einem Zugbegleiter mit einer äußerst sonoren Stimme mehrfach kommuniziert wird. Schon kurz vor Kassel-Wilhelmshöhe frage ich mich, ob er seine Durchsagen als einen Casting-Wettbewerb für Radiowerbung betrachtet und vielleicht auf ein anderes Berufsengagement hofft?

Ankunft in Hamburg Hauptbahnhof bei gleißender Sonne, Temperaturen um die dreißig Grad und der Geräuschkulisse von den wahrscheinlich 150.000 Menschen, die heute in der Hansestadt den Christopher Street Day feiern. Taxis? Fehlanzeige! Alle Durchfahrten zum Hauptbahnhof sind gesperrt. Ein netter Concierge im Hotel gegenüber dem Bahnhof erklärt mir, wie ich mit der U-Bahn zu meiner Unterkunft käme. In der Bahnstation herrschen Verhältnisse wie in der Londoner U-Bahn – die Züge sind so voll, dass man freiwillig auf den nächsten wartet.

Für all das kann die Deutsche Bahn nichts, aber ohne deren Chaos nähme man zusätzliche, unerwartete Umwege vielleicht etwas gelassener in Kauf. Doch es kommt noch besser auf der Rückfahrt nach Frankfurt am Main am Sonntagmittag, 5. August 2018, mit dem ICE 579 um 13 Uhr 01. Der Hamburger Hauptbahnhof platzt – nicht ganz überraschend – aus allen Nähten, die Treppen hinunter zu den Gleisen sind proppenvoll. Sie ahnen es schon – die Mailadresse des Verspätungsalarms meldet sich mal wieder, jetzt mit folgender Info: »Fahrt fällt aus«. Bitte nicht, was ist das denn? Kurz auf dem Handy nachgeschaut und herum gescrollt, dann stellt sich Erleichterung ein: »Ersatzzug IC 2919, Gleis unverändert«. Immerhin.

Also runter aufs Gleis, wo noch ein Regionalzug nach Berlin auf die Abfahrt wartet. Als der gerade losfahren will, sieht ein eifriger Bahnbeamter, wie ein junger Mann doch noch versucht, in den Zug einzusteigen, obwohl der Schaffner schon mehrfach sein »Zurückbleiben von den Zugtüren« gerufen – nein, besser: gebrüllt! – hatte.

Jetzt brüllt er »Notbremsung, Notbremsung« in sein Funkgerät, ruft die Bahnpolizei, und der Regionalzug steht erst mal wieder.

Und blockiert so die Einfahrt unseres Ersatzzuges.

Nach weiteren rund zwanzig Minuten geht es dann doch endlich weiter, und der IC 2919 kann einfahren. Die Menge drängelt zu den Zugtüren, während ich schon innerlich beschlossen habe, mich selbst upzugraden und in die erste Klasse einzusteigen, um meine Chancen auf einen Sitzplatz marginal zu erhöhen – alle Platzreservierungen sind ja inzwischen hinfällig.

Ich lasse mich erleichtert in ein Abteil plumpsen, wuchte noch meinen Koffer ins Netz und beobachte, wie sich die Gänge mit Eltern, vielen Kindern, einigen Rucksäcken und noch mehr Koffern füllen. *Rien ne va plus*, nicht vorwärts, nicht rückwärts.

Weit gefehlt: Es geht immer noch besser, denn jetzt folgt die Durchsage des Zugpersonals, dass dieser Ersatzzug leider weniger Wagen hat, deshalb auch weniger Sitzplätze, die Reservierungsanzeigen seien also leider auch ausgefallen. Somit werden nun alle Passagiere, die in den Gängen stehen, gebeten, umgehend wieder auszusteigen und sich zwecks Ersatzfahrten zum Reisezentrum zu begeben. Die

Zugsicherheit sei nicht gewährleistet und man werde nicht aus dem Bahnhof hinausfahren, solange die Gänge nicht geräumt seien.

Irgendwann ging es dann doch los mit nur ein paar Menschen und Gepäckstücken weniger im Gang und endete mit weiteren rund fünfundvierzig Minuten Verspätung in Frankfurt (allerdings ohne E-Mail des Verspätungsalarms, das habe ich doch echt vermisst).

Immerhin: Als ich bei der Fahrscheinkontrolle meinen Aufschlag für die erste Klasse bezahlen wollte, winkte der junge Schaffner gleich ab mit den Worten: »Nein, nein – das lassen wir mal gut sein.«

Und den Platzreservierungspreis würde ich auch zurückbekommen – wenn ich denn meinen Tag mit der Deutschen Bahn noch um eine gute Stunde Wartezeit an den Serviceschaltern verlängern möchte.

Christine Schmidt

10

Überraschungen – manchmal auch schöne

Manchmal ist die Bahn dann doch für schöne Überraschungen gut. Zum Beispiel, wenn man in Berlin erwartet, in einen »normalen« ICE zu steigen und dann einen alten Metropolitan-Zug vorfindet. Das war der Versuch der Bahn um die Jahrtausendwende, mit den immer günstiger werdenden Businessfliegern mitzuhalten und einen Zug für pendelnde Manager und Geschäftsreisende anzubieten. Er verkehrte von 1999 bis 2004 ausschließlich auf der Strecke Köln–Hamburg. Die Deutschen Werkstätten in Hellerau bei Dresden – heute spezialisiert auf den Innenausbau schnittiger Luxusjachten – bekamen den Auftrag, die Innenausstattung der Züge anzufertigen. Dementsprechend sieht das Innere eines Metropolitan-Zuges noch heute aus: bequeme Sitze aus weichem Leder, eingefasst in helles Holz,

Gepäckablagen aus Metall, die weder quietschen noch klappern. Selbst die Arbeitstischchen, die man aus der Rückenlehne des Vordersitzes herunterklappen kann, sind haptisch ansprechend. Man will hier arbeiten. Und da der Zug für Businessmenschen gemacht war, hat er überall Steckdosen für Laptop- und Smartphoneladekabel.

Die meisten Reisenden, die hier einsteigen, meinen, irgendwie den falschen Zug erwischt zu haben; zu edel, zu modern, zu »erste Klasse« sieht es hier aus.

Manchmal ist die Bahn dann doch für Überraschungen gut, sei es, dass sie einen an Orte bringt, an denen man noch nie gewesen war – und an die man eigentlich auch nie wollte –, oder dass man doch ganz unverhofft in all diesem Zugchaos nette Menschen trifft.

Stranger on a Train

Ich war vielleicht sechzehn oder siebzehn Jahre alt, als ich das erste Mal mit dem Zug allein von Erfurt nach Stuttgart fuhr. Ich hatte keine Sitzplatzreservierung und setzte mich in so ein altes Abteil mit sechs Sitzen, in dem eine junge Frau saß. Sie war Mitte zwanzig. Wir nickten uns kurz zu und beachteten uns ansonsten nicht weiter. Nach ungefähr einer halben Stunde gab es einen enorm lauten Knall. Die Frau fing an zu weinen. Ihre Thermoskanne war aufgrund der Hitze geplatzt, und all ihr Tee lief in ihre Tasche. Ich habe dann versucht, ihr mit Taschentüchern auszuhelfen, was jedoch nur mäßig gut gelang, da ihre Sachen schon komplett in Pfefferminztee ertranken. Die Thermoskanne war eine alte DDR-Kanne ihres Vaters. »Solche Kannen kriegst du ja heute auch nicht mehr.«

Aus dem Gespräch über Thermoskannen wurde dann eine intensive Unterhaltung über ihr Studium, meine Leistungskurse im Abitur und über Leipzig, wo sie herkam und wo ich gerne bald studieren wollte. Sie erzählte mir, dass sie in Leipzig »Gender Studies« studierte, wovon ich bis dahin noch nie gehört hatte. Sie erzählte, dass sie gerade eine Tagung zum Thema *Homosexualität und queere Identität* plane und ob mich das nicht interessiere.

Ich hatte ihr bis dahin nur erzählt, dass ich einen Freund in Stuttgart besuchte, tatsächlich besuchte ich jedoch meinen Freund. Zu der Zeit war ich nur bei meinen Eltern geoutet, Freundinnen und Freunden hatte ich es noch nicht erzählt. Ich hatte das Gefühl, dass ich ihr davon erzählen konnte, und so sprachen wir dann über Outings, Gefühle, Ausgrenzung und Angst vor Anfeindungen durch andere. Bis zu diesem Zeitpunkt hatte ich noch nie so offen, ehrlich und angstfrei über diese Themen gesprochen. Und so verging die Fahrtzeit bis Stuttgart unglaublich schnell, und keiner von uns beiden kam dazu, das Buch zu lesen, das wir uns jeweils mitgenommen hatten und das auf ihrem beziehungsweise meinem Schoß lag. Nach einer kurzen Verabschiedung gingen wir getrennte Wege und sahen uns nie wieder.

Jahre später lernte ich im Psychologiestudium das Stranger-on-a-Train-Phänomen kennen.

Dabei geht es um zwei Menschen, die sich im Zug kennenlernen und sich ihre komplette Lebensgeschichte oder intime Geheimnisse anvertrauen, ohne dass sie ihr Gegenüber wirklich kennen. Danach geht man auseinander und spricht nie wieder miteinander. Obwohl ich meine Mitreisende nie wiedergesehen habe, hat mir ihre offene und ehrliche Art unglaublich viel Kraft gegeben, um mich später auch bei Menschen zu outen, die keine Fremden für mich waren.

Martin Zeschke

Begegnung auf dem Abstellgleis

Einmal bin ich sehr früh morgens vor sechs Uhr zum Bahnhof gegangen. Ich war circa zwanzig Minuten vor Abfahrt da und voller Freude, da mein ICE schon auf dem Gleis stand.

Ich bin eingestiegen und wunderte mich, dass der Zug so leer war.

Etwas skeptisch ging ich dann zur Tür, die sich in diesem Moment schloss und der Zug losfuhr.

Am Anfang dachte ich: Vielleicht muss er nur drehen, Leipzig ist ja ein Kopfbahnhof. Irgendwann kam er in Berlin auf den Abstellgleisen zur Wartung an. Dort bin ich dann per Notausstieg ausgestiegen und über die Gleise gegangen, bis ich jemanden von der Deutschen Bahn gefunden hatte. Der sagte mir, dass dort regelmäßig blinde Passagiere auftauchten.

Stefan Zahn

Hund auf Abwegen

Ich fuhr mit meiner knapp einjährigen Hündin nach einer Tagung mit dem ICE um 17 Uhr 05 Ende Januar von Berlin nach Frankfurt, mit Umstieg in Erfurt und einer planmäßigen Ankunft am Zielort um 21 Uhr 36. Als wir mit der zweiten Verbindung kurz vor Fulda waren, erfuhren wir, dass wir den Bahnhof leider nicht anfahren könnten, da er komplett gesperrt sei. So wurden wir nach Kassel umgeleitet. Auf der Strecke herrschte pures Chaos, zu viele umgeleitete Züge. Das führte nun dazu, dass wir in Kassel-Wilhelmshöhe eine Weile fast schon parkten. Keiner wusste, wann es weitergehen würde.

Ich stand irgendwann auf, um den Schaffner zu fragen, ob ich mit meiner Hündin kurz rauskönne, ohne dass dann der Zug plötzlich losfuhr. (Wie es aber Murphys Gesetz immer will, war das genau dieser eine Tag unserer vielen Bahnfahrten, an dem sich meine Emma in ihrer Leine verfangen hatte, ich sie entwirren musste und danach nicht gleich wieder an der Leine festgemacht hatte. Natürlich hatte das Konsequenzen!) Der Schaffner meinte, er wisse es nicht, er warte einfach auf das grüne Licht, sie seien nur zu zweit im Zug und es sei eh alles furchtbar chaotisch. Ich solle mir überlegen, ob ich es riskieren wolle.

Zu diesem Zeitpunkt war es schon kurz vor zehn. Die Entscheidung nahm mir der ICE dann ab. Kurz bevor ich an meinem Sitz angekommen war, fuhr er los – zurück Richtung Fulda, wo der Bahnhof inzwischen wieder freigegeben worden war und man sich entschieden hatte, wenigstens irgendwie alle Passagiere, wenn auch verspätet, an ihr Ziel zu bringen. Kleine Rundtour durch Hessen für einen voll besetzten ICE.

An meinem Sitz erwartete mich dann recht aufgeregt die Dame, die auf der anderen Seite des Gangs neben uns gesessen hatte. Mein Hund sei gerade aufgesprungen und in die Richtung gelaufen, aus der ich gerade gekommen sei – wahrscheinlich, um mich zu suchen.

Wie jeder Hundebesitzer in seinem Leben kam mir dann der Klischeesatz über die Lippen, dass das mein Hund ja noch nie gemacht habe – was stimmte, bis eben zu diesem Tag.

Ich ging also in die Richtung und fragte die Passagiere hinter der ersten Glastür, ob hier ein Hund durchgelaufen sei. Sie verneinten. Jetzt setzte die Panik ein! Sie konnte nur durch die Zugtür nach draußen gehüpft sein. Ich lief also wieder zum Schaffner und erklärte ihm die Situation. Er rief am Bahnsteig an. »Ja, den Hund haben wir gesehen und uns schon gewundert.«

Da ich das Glück habe, dass sie zu den menschenliebenden Hunden dieser Welt zählt und auf Grundkommandos und ihren Namen hört, war sie innerhalb von Sekunden eingefangen und wurde der Bundespolizei übergeben. Mit dem netten Herrn dort telefonierte ich ungefähr fünf Mal, er klang bei jedem Telefonat etwas fröhlicher, weil alle wohl so furchtbar verliebt in meinen Hund seien – na immerhin, und das, obwohl sie sogar vor Aufregung ins Auto gepinkelt hatte, aber er meinte dazu nur trocken, man hätte dort schon Schlimmeres erlebt.

Ich könne sie also bei der Bundespolizei in Kassel abholen, hieß es. Ich saß ja aber nun noch im Zug Richtung Fulda. Wir kamen dort gegen 23 Uhr 15 an, ich rannte zur allerletzten (wartenden) Regionalbahn wieder zurück nach Kassel, die weitere neunzig Minuten brauchte.

Als Nebenplot bewiesen sich die sozialen Medien als Retter. Ich postete einen kleinen Hilferuf auf Instagram, der fleißig geteilt wurde und mir innerhalb von knapp zwanzig Minuten eine Übernachtung in Kassel bescherte – über eine Freundin in Mannheim. Das nette Paar, das sich bereitfand, holte Emma und mich um ein Uhr nachts noch am Bahnhof ab, um uns bei sich aufzunehmen, sodass wir nicht im knöchelhohen Schnee durch das nächtliche Kassel irren mussten, um ein hundefreundliches Hotel zu finden. Ende gut, alles gut. Und die Polizei hatte sogar noch was zu twittern.

Britta Fietzke

Menschlicher Moment

Vor wenigen Tagen lag mein Opa in seinen letzten Stunden auf dem Sterbebett, und mein Bruder saß im Zug aus Wien. Hätte er den Anschluss in München verpasst, wäre er dort hängen geblieben. Als er dem Schaffner die Situation schilderte, sagte der: »Das kriegen wir hin!«

Sie beschleunigten wie die Weltmeister und holten zwanzig Minuten raus.

Die Ankunft war dann sogar fünfzehn Minuten vor der planmäßigen Zeit. Alles klappte noch, reibungslos. So ein wundervoll menschlicher Moment.

Urs Spörri

Fahrkartentrolle, charmant

Wie wird es jenseits der Grenze zu Westfalen sein? Wird auch dann noch ein schnauzbärtiger Schaffner mit kölschem Einschlag die beiden jungen Damen am Tisch gegenüber nach dem Vorzeigen ihrer Fahrkarte fragen: »Kennen Sie Mickie Krause?«, und sich angesichts – trotz der eingestandenen Vertrautheit mit dem Namen – einigermaßen ratloser Mienen näher erklären: »Na, wie singt der denn?« Dann räuspert er sich hinter dem Schnauzer, und nach kurzer Beruhigung (»Keine Angst, ich meine nicht seine schweinischen Lieder«) trällert von dort mit Tommy-Engel-Stimme die Aufklärung hervor:

»Schatzi, schenk mir ein Foto / schenk mir ein Foto von dir.«

Und schon vor der Wiederholung des Refrains haben die jungen Damen verstanden, ziehen kichernd ihre BahnCards hervor und schmelzen noch etwas dahin, als der Schaffner bereits einen halben Waggon weiter ist und die nächsten Passagiere, die selbstverständlich angesichts des zuvor erklungenen Liedvortrags ihre Identitätskarten schon bereitgehalten haben, beim Blick darauf ermahnt:

»Da fehlt was!« Und nicht, dass er sich diesmal mit der Pointe beeilen würde: »Ein Lächeln.« Er erhält ein ganzes Lachen, der ganze Waggon schwebt vor Glück. Nur ich verlasse beim nächsten Halt in Hagen den Zug. Allerdings dann doch nicht, um sofort wieder Richtung Rheinland zurückzufahren.

Andreas Platthaus

Danke

Florian Siebeck, Kais Harrabi, Ubin Eoh, Axel Weidemann, Johanna Dürrholz, Julia Anton, Barbara Kirchner und Oldamur Hollóczki fürs Aufschreiben und Julia Bähr fürs Anstacheln. All den anderen, die ihre Geschichte geteilt haben. Nannette Elke für die Anfrage, die das alles möglich gemacht hat. Britta Fietzke für den ruhigen Blick auf die Zeilen.
Meinen Eltern für alles.
Und Dietmar Dath für die Unterstützung, das Übersetzen – und sowieso für uns.

Quellenangaben

Artikel

»57 Milliarden Euro Investitionsstau« – von Thiemo Heeg, FAZ, 04.03.2019. https://www.faz.net/aktuell/wirtschaft/unternehmen/57-milliarden-euro-investitionsstau-bei-der-bahn-16071615.html

»Der ganz normale Bahnsinn« – von Jan Boris Wintzenburg, in: Stern, Nr. 50, 06.12.2018, S. 26–36.

»Die Privatisierung der Bahn 1994« – von Dieter Nürnberger, Deutschlandfunk, 01.01.2019. https://www.deutschlandfunk.de/erfolgreiche-weichenstellung-die-privatisierung-der-bahn.724.de.html?dram:article_id=437197ICE-Strecke Frankfurt–Köln bleibt länger gesperrt, in: FAZ, 13.10.2018. https://www.faz.net/aktuell/gesellschaft/ungluecke/strecke-bleibt-gesperrt-ursache-von-ice-brand-war-technischer-defekt-15835914.html

»Eine Erfolgs-App mit kleinen Tücken« – von Thomas Wüpper, Tagesspiegel Online, 10.9.2018. https://www.tagesspiegel.de/wirtschaft/db-navigator-eine-erfolgs-app-mit-kleinen-tuecken/23019220.html

»Experte erklärt, wie die Deutsche Bahn wieder zuverlässig und pünktlich wird« – von Detlef Neuß, Focus Online, 21.12.2018. https://www.focus.de/finanzen/experten/zuverlaessig-und-puenktlich-wie-wir-wieder-stolz-auf-die-unsere-bahn-werden_id_10094825.html

»Im Schnitt 0,9 Minuten Verspätung, Japan« – von Felix Lill, in: Die Zeit, Nr. 51, 06.12.2018, S. 25.

»Sekundenschnelle Buchung, China« – von Xifan Yang, in: Die Zeit, Nr. 51, 06.12.2018, S. 25.

»Stilles Gleis« – von Ingo Malcher und Claas Tatje, in: Die Zeit, Nr. 51, 06.12.2018, S. 23–24.

»Mehdorn sieht Bahn auf dem falschen Gleis« – von Kerstin Schwenn, in: FAZ, 11.01.2019, S. 15.

»So sieht gestrickte Verspätung aus« – Spiegel Online, 06.01.2019.
https://www.spiegel.de/panorama/gesellschaft/muenchen-pendlerin-strickt-schal-muster-soll-bahn-verspaetungen-zeigen-a-1246684.html

»Commuter Knits a ›Rail Delay Scarf.‹ It Fetches $ 8,650 on eBay« – von Palko Karasz, New York Times, 16.01.2019
https://www.nytimes.com/2019/01/16/world/europe/germany-train-delay-scarf.html

»Zwei Prozent aller Fernzughalte 2018 ausgefallen« – Zeit Online, 19.01.2019.
https://www.zeit.de/mobilitaet/2019-01/deutsche-bahn-fernverkehr-ausfaelle-zwei-prozent-verspaetung

Tweets und Blogs

Tweet von Monika Herrmann am 02.11.2018.
https://twitter.com/MonikaHerrmann1/status/1058320488370442240

Tweet von Sara Weber am 16.01.2019.
https://twitter.com/sara_weber/status/1085611032305979392

Pendlerleben – https://pendlerlebenblog.wordpress.com
(Dank an Louise Fiedel!)